野球×統計は最強のバッテリーである

セイバーメトリクスとトラッキングの世界

データスタジアム株式会社
DataStadium

Chuko Shinsho
La Clef
533

中央公論新社

はじめに

「セ・リーグ全球団借金」は珍事ではない!?

1位：ヤクルト　37勝38敗1分
2位：阪　神　36勝37敗1分
3位：巨　人　37勝39敗0分
4位：DeNA　36勝38敗1分
5位：広　島　35勝37敗1分
6位：中　日　33勝42敗1分

※2015年7月3日終了時点でのセ・リーグ順位表

２０１５年7月3日はプロ野球の歴史に残る日となりました。首位に立っていたヤクルトと2位の阪神が敗れたことで、史上初めて同じリーグの6球団すべてが負け越し（借金）の状態になったのです。

ただし、セ・リーグのチームとパ・リーグのチームが戦う交流戦が導入された２００５年以降、いつかこの状況が起こる可能性は想定されていました。なぜかと言えば「①交流戦でセ・パのどちらかが大きく勝ち越す」「②負け越した側のリーグが混戦」という二つの要素が同時に発生しさえすれば、どちらかのリーグが全球団借金に陥ることは起こり得るからです。２０１５年の全球団借金という現象は史上初めてのケースという意味で珍事だったかもしれませんが、今後も起こり得ない話ではないのです。

さて、全球団借金を記録した2日後、7月5日の順位表に注目してみましょう。本書のテーマの一つである「セイバーメトリクス」という野球のデータ分析視点からみると、むしろこちらの方が興味深い現象です。

1位：阪　神　38勝37敗1分（得失点差マイナス71）
2位：巨　人　38勝39敗1分（得失点差6）

3位：広　島　36勝37敗1分（得失点差48）
4位：ヤクルト　37勝39敗1分（得失点差12）
5位：DeNA　36勝40敗1分（得失点差マイナス38）
6位：中　日　33勝43敗2分（得失点差マイナス29）

※2015年7月5日終了時点でのセ・リーグ順位表

なぜ興味深いのかといえば、得失点差（得点－失点）で最下位の阪神が唯一勝率5割を超えて1位になっているからです。セイバーメトリクスの考え方からすると、これはまさに珍事です。

「セイバーメトリクス」で何が分かっているのか？

本書で初めてセイバーメトリクスに触れる読者の皆さまに向けて、セイバーメトリクスで分かっていることをお答えすると、主に次の四つになります。

①「得点と失点のデータがあれば、およそ何勝するか分かる！」
②「得点を増やすには打率よりも出塁率や長打率が重要！」
③「投手は『運』によって成績が変わりやすい！」
④「『打点』にはそれほど意味がない！」

セイバーメトリクスをすでに知っていて、深く研究している読者の皆さまからは「そんな単純なものじゃない！」とお叱りを受けるかもしれません。ですが、セイバーメトリクスを一般的な教養として考えるならば、このポイントを抑えておくだけで十分だと思います。この中で特に重要なのは①です。得失点差で最下位の阪神が首位なのはなぜ珍事かという理由もここにあります。

得点と失点のデータがあれば、おおよそ何勝するか分かる

①を簡単に説明してみます。これはセイバーメトリクスの基本となる考え方で、チームの総得点と総失点で勝率が予想できるということを表しています。例えば、巨人と阪神の2チ

ームについて、

巨人：10試合で60得点、40失点
阪神：10試合で40得点、60失点

だったとします。このとき巨人の勝率は・692と推測できることができます。なぜこの数値が出てくるのかというと、次の式で計算しているのです。

（得点の2乗）÷｛（得点の2乗）＋（失点の2乗）｝＝.692

巨人の勝率は・692、つまり7割程度ですから、10試合であれば7勝3敗の可能性が高いということです。一方、阪神は、

（得点の2乗）÷｛（得点の2乗）＋（失点の2乗）｝＝.308

つまり、勝率は3割程度。10試合ならば3勝7敗の可能性が高いということになります。実際には巨人が8勝2敗だったり、阪神が2勝8敗だったりすることもあるのですが、過去のデータを基にしたセイバーメトリクスの分析視点からすると、巨人は7勝3敗、阪神は3勝7敗になる確率が最も高いのです。

2015年の例でみると、7月5日時点での阪神の勝率は・507ですが、ピタゴラス勝率で計算した予測勝率は・378となり、その差は・129もあります。過去30年で実際の勝率とピタゴラス勝率が最も離れていたのは2004年のヤクルト（実際の勝率が・529、ピタゴラス勝率が・444でその差は・085）でした。まだシーズン中盤なので単純に比較することはできないですが、阪神がこのままのペースで得失点差のマイナスを広げつつ勝率を維持するならば、球史に残る珍事になります。

ピタゴラス勝率とは

この、得点と失点から勝率を予測する式は、セイバーメトリクスの祖ともいえるビル・ジェームズが発見した「ピタゴラス勝率（ピタゴリアン期待値）」と呼ばれるものです。より

図0－1　過去30年間の得失点差と勝率の散布図

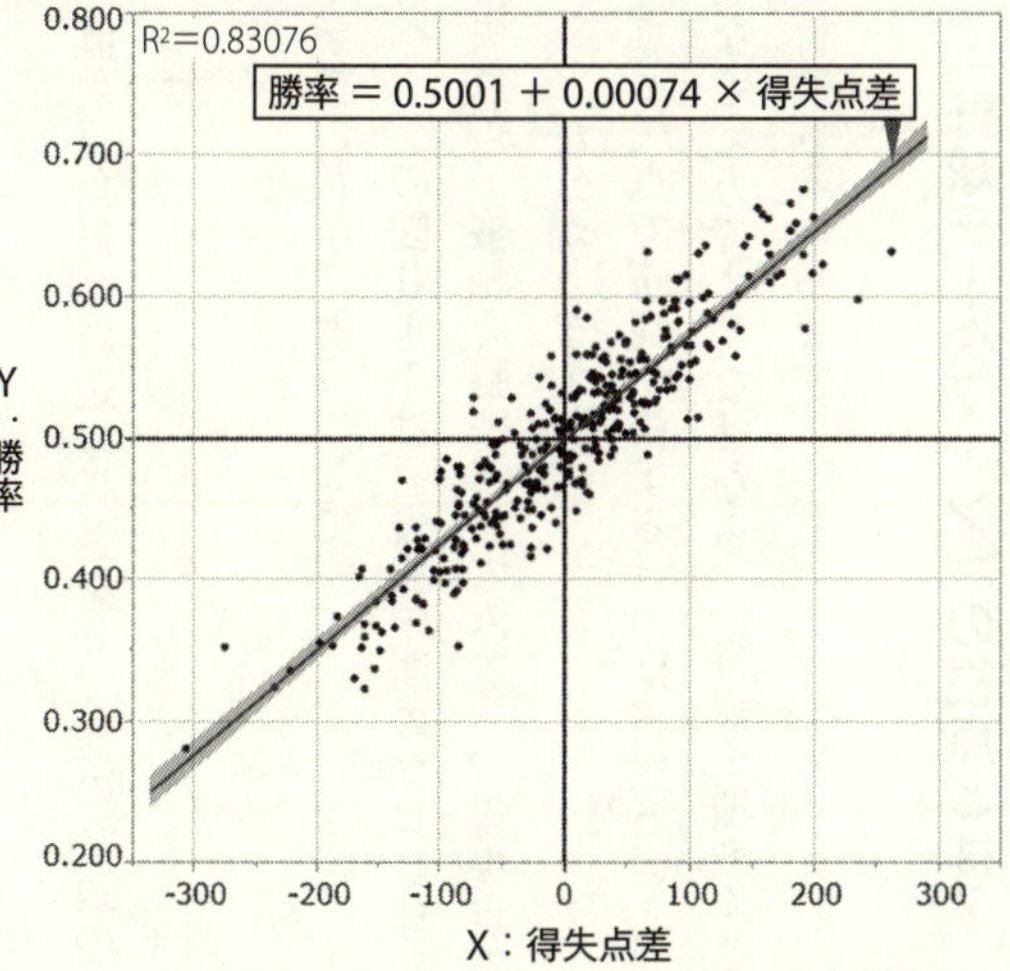

精密に計算するならば「2乗」の部分は「x乗」となり、xにはそのリーグに特有の値が入ります。日本のプロ野球の場合は1・6～1・7程度になります。先ほどの例にこの数値を当てはめても、巨人はやはり7勝3敗になる確率が最も高いです。

このピタゴラス勝率は必ずしも野球だけでなく、さまざまなリーグ戦形式のスポーツに当てはまります。バスケットボールやアメリカンフットボールなどが代表的な例です。

なぜピタゴラス勝率という名前か。それは直角三角形の辺の長さを求めるピタゴラスの定理（三平方の定理）に似ているからと言われています。

「直角三角形の斜辺の長さをc、他の2辺の長さをa、bとすると、$a^2+b^2=c^2$が成り立つ」

中学校の数学で習うアレです。

前ページの図0-1は過去30年間のプロ野球における得失点差と勝率の散布図です。横軸を得失点差、縦軸を勝率としてみると、得失点差がプラスのチームは勝率もプラスになりやすいことが分かりますね。

「得点と失点で勝利が決まる」のは当然といえば当然ですが、セイバーメトリクスでは最も重要な考え方です。なぜなら、「得点を増やすこと」と「失点を減らすこと」に焦点を当てて分析できるからです。

「野球データファン」の視点とは?

図0−2 データ分析のマトリクス

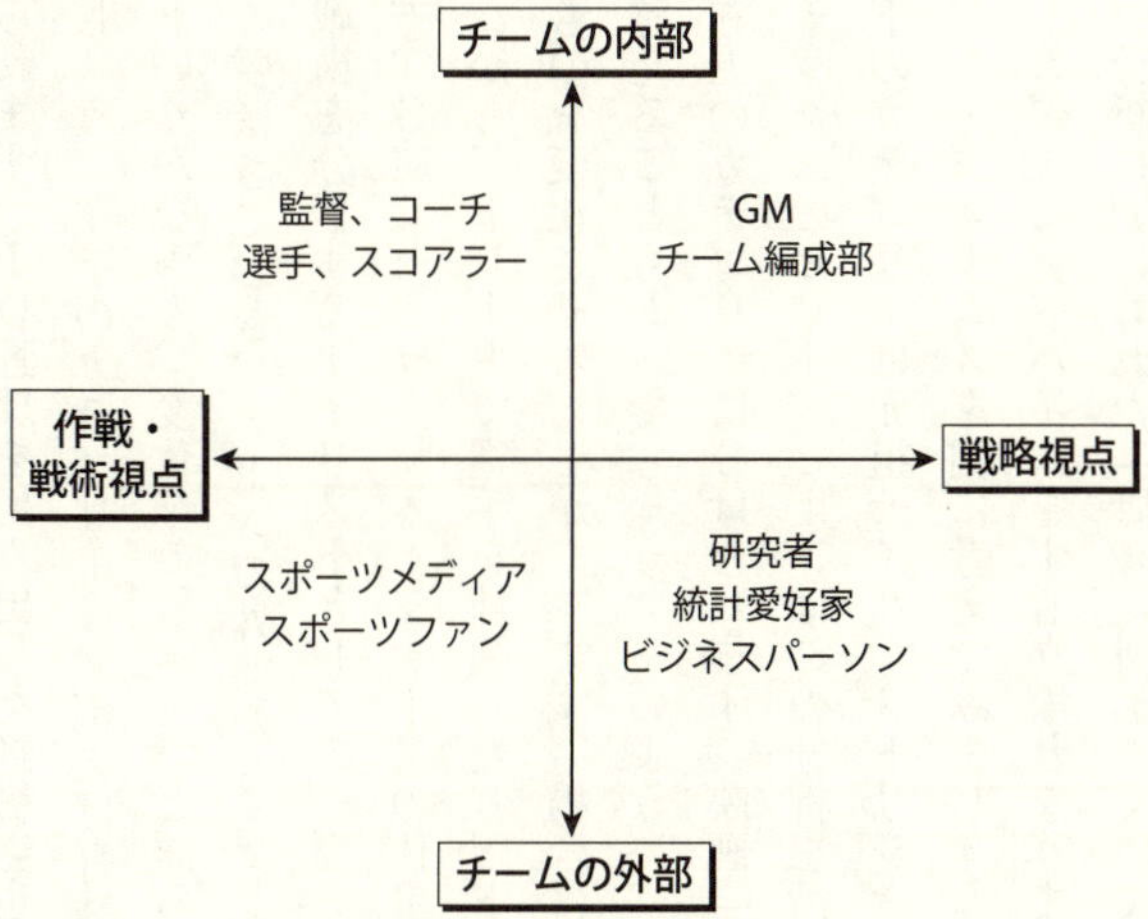

実は「野球」×「データ」×「分析」に関わる人、すなわち野球のアナリストといえる人でもそれぞれが分析している内容はかなり違います。彼らがどのような分析をしているのか簡単にまとめたものが図0−2となります。縦軸はプロ野球のチーム内か、チーム外か、横軸は主に戦略を考えるか、作戦・戦術を考えるアナリストか、を表しています。

監督、もしくはスコアラーなど選手に近い立場のアナリストは「今の戦力の中で、目前の1試合1試合をどのように勝つか」を分析することが重要な仕事であり、チームの内部で作戦・戦術を決める立場（ここでは左上のカテゴリー）だと考えられます。ID野球を生み出した野村克也氏（元楽天監督など）のような例が当てはまるでしょう。左下のカテゴリーは、例えば野球中継を見ながら配球を読み、「何でそこストレートいくかなぁ〜、変化球でしょ！」と語るタイプの野球ファンを指していますが、分析内容の質はさておき、チームの外部からさも監督のような視点で試合を見ているので、作戦・戦術を分析するアナリストとしての一面を持っています。

一方、ＧＭ（ゼネラルマネージャー）の仕事は監督とは異なります。彼らは今の戦力を見極めながら、トレードで選手を補強したり、ドラフトで選手を獲得したりすることで、戦力そのものを変化させることができます。場合によっては、長期的な視点で選手育成のシステムを整えることもあるでしょう。このように、チームの内部で戦略を考えるためのデータ分析は右上のカテゴリーに分けられます。映画「マネーボール」で描かれたオークランド・アスレチックスのビリー・ビーンはこの分析を活用している代表例です。

右下のカテゴリーは元祖セイバーメトリシャン（セイバーメトリクスの使い手のこと）であるビル・ジェームズを例に考えてみましょう。ビル・ジェームズは今でこそ球団の内部からチーム編成にアドバイスをする立場となりましたが、元々は警備員の仕事の合間に野球のデータ分析に明け暮れた「野球統計おたく」でした。右下のカテゴリーは昔のビル・ジェームズのように、チームの外部でデータを分析し、戦略を考えることを楽しむファンとなります。

チーム内での監督とGMの分析視点が異なるように、同じ野球ファンでも左下のカテゴリーが野球を選手や監督目線で語るファンなのに対し、右下のカテゴリーはやや異なる趣向を持っていることが分かるでしょう。右下の人々はあくまでも野球のデータとそこから発見できる事実、選手の隠されたストーリーに面白みを見出す傾向がありますので、野球ファンというよりも「野球データファン」と表現する方が正しいかもしれませんね。

そして、この本の第1章、第2章で取り上げる古典的な「セイバーメトリクス」は図0－2の右側の人々、つまり「GM」や「野球データファン」の視点による分析です。左側の人々とはあまり相性がよくありません。

選手にとっての意味

なぜ相性が良くないのかというと、セイバーメトリクスによる野球の分析はあくまでも

「勝てるチームをつくるために必要な選手をどう集めるか」という経営・管理側の視点から生まれているものであって「どうすれば野球がうまくなるか」を念頭につくられてはいないからです。GMになったつもりでチームの戦力を分析して楽しむことと、野球のプレーを楽しむことはまったく異なる行為なので、野球選手や選手視点で野球を見るファンがセイバーメトリクスに違和感を持つのは当然だといえます。もちろん、選手がセイバーメトリクスの基本的な考え方を知っていて損はないのですが……セイバーメトリクスを極めることによって、特別にプレーがうまくなるコツを知ることはできないのです。

ただ、最近では画像解析やレーダー技術を基にした分析も増えており、従来考えられていたセイバーメトリクスの範囲が図0－2の左側に拡大してきていることも事実です。トレーニングの領域にも試合のデータが活用され始めており、投球の変化量（曲がり幅）のデータを基に「どのような変化球を習得すべきか」ということも分かり始めています。選手にとって直接有益な情報も提供されるようになりつつあるのです。

そのような現状を踏まえ、この本ではまず第1章、第2章で基本的なセイバーメトリクスの考え方や指標を紹介した後、第3章でPITCHf/xなどの新しい技術を紹介し、その活用案を議論しています。もしセイバーメトリクスの基礎に興味があるならば第1章から読み進めていただければと思いますが、むしろ選手として役に立つ最新分析を読みたい方、特に投手や捕手を経験している方には第3章をお勧めします。

本書が野球、もしくは野球のデータ活用に興味のある方に少しでも有益な情報となれば幸いです。

＊本文中における現役選手の所属チームは２０１５年6月30日時点を基準にしています。

目次

第2章 セイバーメトリクス 指標早わかり

データ分析のプロによる徹底解説

第3章 トラッキングシステムの世界

投球、打球、選手の動きがすべて丸裸に　145

ミニコラム

図作成／ケー・アイ・プランニング
表作成・本文ＤＴＰ／市川真樹子

野球×統計は最強のバッテリーである

セイバーメトリクスとトラッキングの世界

第1章
セイバーメトリクスとは何か
“主観”を排除してプレーを評価する

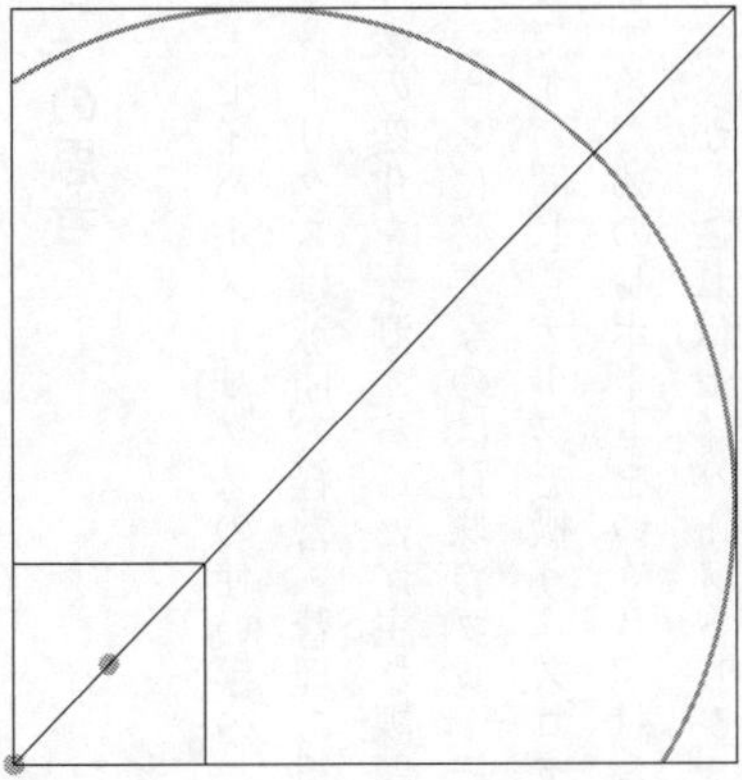

「セイバーメトリシャン」の思考

「はじめに」でも紹介しましたが、セイバーメトリクスの使い手のことを「セイバーメトリシャン」と表現します。セイバーメトリクスは球団の経営・管理の視点による分析ですから、チームの戦力を適切に評価し、今後の変化を予測することが主な課題となります。そのため、球団で仕事をするセイバーメトリシャンに必要なのは野球のプレー経験ではなく、むしろ野球データを統計的に解釈する素養です。同じくデータを扱う「スコアラー」には明日の試合で対戦する相手投手の傾向を分析するためのレポートをつくり、試合前に選手やコーチとミーティングするという仕事がありますが、これはセイバーメトリシャンの領域とは異なります。

まず、セイバーメトリシャンの思考をたどることによって、セイバーメトリクスとはどのようなものなのかを解き明かしていきましょう。

「映像」ではなく「数値」を統計的に分析する

そもそも分析で「数値」を使うのは当然だという声も聞こえてきそうですが、スポーツの場合はまず「映像」を分析するのが主流となっています。後ほどＩＤ野球（スコアラー）の思考をたどる部分でも詳しく触れますが、スコアラーの仕事は「映像」を用いることが多くあります。これはスポーツの現場で分析の仕事をしている人の多くに当てはまる傾向です。毎試合の作戦や戦術を考えるスタッフにとって最も重要なデータは「映像」であり、「数値」はあくまでも補助的な役割なのです。

草野球や少年野球の分析を考えてみましょう。次に対戦するチームの投手が「2試合で8回を投げ、8奪三振4四死球3失点だった」という成績を教えてもらうよりも、実際に投げている「映像」を見せてもらった方が、攻略するための対策は立てやすいはずです。選手や監督、コーチの視点からすると、データを基にした分析結果を「投げる」「打つ」といった具体的なプレーの指示に落とし込む必要があるため、やはり「映像」を頼りに相手を攻略するイメージをつくることが必要になります。この点は草野球でも、多くのデータが収集されているプロ野球でも一緒なのです。

一方、セイバーメトリシャンはその領域には立ち入りません。むしろ「『映像』を見て分析者各々が主観的に判断するのは分析とはいえない。『数値』を統計的に解析することが真の分析といえるはずだ」という思考になります。

セイバーメトリクスはアメリカ野球学会の略称である「SABR」と、測定法を意味する「metrics」を足した造語であり、1980年にビル・ジェームズが「野球についての客観的見地からの調査研究」と定義しています（SABRのホームページ〈http://sabr.org/〉参照）。この定義からも、セイバーメトリシャンは客観的な「数値」を基にした分析を目指していることが読み取れます。主観による偏りを排除することが大きなテーマなので「主観が入ってしまう」として「映像」は極力見ないようにするという人や、そもそも野球を見ることが好きではない（データを見ることが好き&得意な）分析者もいるくらいです。

また、「数値」を統計的に処理するという点も重要で、セイバーメトリシャンは「サンプル数」という言葉を良く使う傾向にあります。具体的には「A選手はまだ30打席しか立っていない。サンプル数が少ないから、この分析の信頼性は低い」という使い方になります。アメリカでは指標ごとに、何打席のサンプルがあれば信頼するに足るかを研究したレポートも見られます。

これらはセイバーメトリシャンが「再現性があるかどうか」を最も重要視していることを意味しています。客観的な分析と言えるためには「再現性がある」ことが重要です。そのため、セイバーメトリシャンは「数値」を統計的に分析し、根拠に基づいた議論を進めるのです。これはほとんど科学の領域ですね。

「本当は選手でなく〝勝利〟を買うべきだ」

「球団の人々は、金で選手を買おうと思ってる。だが本当は選手でなく〝勝利〟を買うべきだ」（「マネーボール」の一節）

セイバーメトリシャンの分析の目的は映画「マネーボール」に出てくるこの一節がよくいい当てています。オークランド・アスレチックスのGMであるビリー・ビーンに対し、クリーブランド・インディアンスでスカウトの補佐役をしていたピーターが持論を述べるこのシーンは、セイバーメトリシャンの総意を代弁しているような名場面となっています。

アマチュアスポーツはともかく、少なくとも〝プロ〟スポーツのチームは「勝利」を得ようと必死に戦うことが最優先である。そう考えるとチームは貴重な資金を使って「選手」を買うのではなく、「勝利」を買うべきで、あくまでも「選手」は「勝利」に必要だから調達する必要があるのだ。と、極論するとこのような考え方です。

このように、セイバーメトリクスの目的は「勝利」を増やすための知識を得て、球団経営に役立てることです。分析のゴールが明確になっていることで、セイバーメトリシャンの間では生産的な議論が行われます。FanGraphs、The Hardball Times、Beyond the Box Scoreなど、主にメジャーリーグを題材にしたデータ分析サイトを見ると、多くのセイバーメトリシャンが日々自身の研究を披露し、意見を戦わせています。彼らは必ずしも球団に所属しているわけではなく、球団の外部から発言しています。図0‐2で右下に位置する人々です。

一方で、客観的に考えにくい話題は、セイバーメトリシャンの領域になりにくいところです。例えば、「野球選手の動作はなぜ美しいのかを考える」というような話を始めると、そもそも美しさとは何か？という点で侃々諤々《かんかんがくがく》の議論が行われ、結論が導き出せない状況になりえます。セイバーメトリシャンは分析のゴールを「勝利」に絞ることで、セイバーメトリクスという独自の世界を確立させています。

何事も「得点と失点への貢献度」で考える

ここまでをまとめると、セイバーメトリシャンは「数値」を統計的に解析し「勝利」を増やすための知識を得ようとしているということになります。

では、「勝利」を増やすために必要な要素は何でしょうか。答えは「得点を増やして失点を減らすこと」です。「はじめに」でも紹介したピタゴラス勝率の考え方を使えば、得点と失点でチームの勝率を予測できます。つまり、勝利を増やして勝率を高めるためには得失点差のプラスをどのようにつくるか考えれば良いということです。

そのため、セイバーメトリシャンの分析では「プレーを得失点に変換する」という手法が多く使われています。選手を評価する場合、どの程度の得点増、もしくは失点減に貢献したのかという思考になるのがセイバーメトリシャンの特徴です。

例えば「二刀流で球界の常識を覆し続けている日本ハム・大谷翔平の２０１４年の成績を

評価するとどうなる？」という問いに対して、セイバーメトリシャンは次のような答えを出します。

「投手としては奪三振率（K／9）が10・37と規定投球回に到達したパ・リーグの先発投手として最も高く、被本塁打率（HR／9）は0・41でリーグ3位の数値。与四球率（BB／9）は3・30とそれほど良くないものの、投手の基本的な能力を測るFIPは2・41でオリックス・金子千尋に次ぐリーグ2位とリーグトップクラスの成績を残していた」

「打者としては234打席に立ち、200打席以上で見ると長打率はパ・リーグ5位で、OPSは7位。1打席あたりにどれだけ得点を増やす働きをしたかを示すwOBAは・373でリーグ6位と、限られた打席数の中ではあるがリーグ屈指の得点力を誇る打者でもあった」

「攻撃面や投球面などを総合的に評価し、控え選手に比べてどれだけ勝利に貢献したかを示すWARはリーグ3位の6・2。高卒2年目ではあるが、すでにリーグトップクラスの成績を残していた」

各指標の意味についてはここでは詳しく解説しません。第2章で説明していますので、ぜひそちらをご覧ください。

これはセイバーメトリシャンによる大谷分析のとても初歩的な部分ですが、思考の方向性は感じてもらえるかと思います。「数値」を基にして、選手の「勝利への貢献度」を客観的に分析する。これが基本的なスタイルです。

ビル・ジェームズによるセイバーメトリクスの定義はあくまでも「野球についての客観的見地からの調査研究」ですから、例えば野球選手の動作の美しさを客観的に定義しても良いはずなのですが、現状の研究を見る限り、そのような方向に興味があるセイバーメトリシャンはほぼいないようですね。

「スコアラー」の視点から大谷翔平を分析すると

セイバーメトリシャンではなく、選手に対戦相手の攻略法を授けるスコアラーは大谷翔平をどう分析するでしょうか。こちらの思考も見てみましょう。スコアラーとは相手の弱点を見つけ、攻略に生かすための知識を生み出し、選手やコーチに伝える役割です。スコアラーは映像と数値データを結びつけながら、試合前のミーティングで次のような話をします。

「これが日本ハム・大谷の前回登板時の投球映像。（打者が攻略している映像を見る）今見たように、球種は平均150キロ台のストレート、140キロのフォーク、130キロのスライダー、120キロのカーブがある。初球は対左右打者ともに5割以上がストレート。初球がボールになるとストレートでストライクを取りに来る傾向が強くなり、特に対左打者にはストレートがかなり増える。ボール先行カウントではほぼストレート狙いで良い。実際にボール先行カウントでのストレートは3割以上打たれている」

「打者としての大谷は（スカウティングレポートを見ながら）高めに強いハイボールヒッター。右投手に対しては内角の真ん中から高めの高さも4割程度の打率を残していて、このゾーンならスライダー系統もうまく対応される。ただ、初球は真ん中のコースに行かなければスイングしてくる確率は低く、多少高低が甘くてもストライクは取れる。弱点は内外角低めで、ここなら打率1割台。決め球は低めの変化球が有効。前回の対戦で右投手の○○が大谷を抑えた時の映像を見てみよう（……映像を見る）」

同じ野球データの分析でも、セイバーメトリシャンと全然違いますよね。

このような思考の分析はいわゆる「ＩＤ野球」に近い話となります。「セイバーメトリクス」が客観的な事実を重視して選手の能力を適正に評価しようとするのに対し、「ＩＤ野球」で重視されるのは選手ができるだけ不安なくプレーできるように、相手の傾向や弱点の情報を整理して伝えることです。その意味でも、スコアラーはできるだけ情報をシンプルに伝えることが求められます。

選手にとって最高の情報は「○○の場面は１００％ストレートだから狙っていけ！」とか「初球は絶対に振ってこない。万が一打たれたら俺（監督）が責任を取る」という絶対的な話です。しかし実際に分析するとそんな単純な傾向はなかなか出てきません。なので、スコアラーや監督、コーチが選手に情報を伝える際にはなるべく数値を簡略化し、ポイントを絞って話すことが重要となります。

また、選手によっては「先入観が入るから数値はまったく見ない」というタイプの人もいます。この場合は、対戦相手を攻略している映像（投手や捕手なら相手打者が打ち取られているシーン、打者なら相手投手が打たれているシーン）を見て攻略するイメージを膨らませ、試合に臨みます。さらに「そもそも映像や数値は過去のものだから、それすら見る必要はない」という考え方の選手もいるようです。

確かに「困った時にデータに頼って失敗するよりも、自分の直感を信じて失敗した方が納得がいく」というのは理解できる話だと思います。プロ野球選手にアドバイスをする（もしくは「したい」）人はたくさんいるわけで、監督、コーチ、スコアラー、トレーナーだけでなく、アマチュア時代の恩師、マスコミの報道など、選手はただでさえさまざまな種類の情報にさらされています。その中で自分のパフォーマンス向上に必要な情報だけを取捨選択するのは至難の業でしょう。あえて取捨選択すること自体を放棄し、すべて自分の直感に頼るという選択も否定されるべき話ではないと思います。

このように、スポーツの現場でパフォーマンスを高めるためのデータの活用には、分析アウトプットの正確性だけでなく「シンプルさ」「イメージをつくる」「納得感」など、データから得た情報を身体で表現するための工夫が必要となります。客観性を重視する科学としての一面だけでなく、いわばアートのような領域が共存して初めて成り立つのです。セイバーメトリシャンが情報を伝える相手は選手ではないので、できる限り客観性を追求しますが、最終的に選手へと情報を伝えるスコアラーはアート領域への理解がなければ務まりません。

そして、この部分こそがスポーツの現場を支えるアナリストの腕の見せどころともいえるでしょう。

野球の分析に見られる課題解決サイクル

やや話がそれますが、データを分析して価値を生み出す職業として、近年、データサイエンティストという職業が話題になっており、その業務範囲やスキルセットもさまざまに定義され始めています。先行研究やデータサイエンティスト協会によるスキルセットの定義などから考察すると、その業務にほぼ共通しているのは、

「①ビジネスの問題を発見」→「②データを収集し集計」→「③解析」→「④レポート等で報告（施策の提案）」→「⑤ビジネスの問題を解決（意思決定が行われる）」→「⑥効果の検証」

というサイクルかと思います。

セイバーメトリシャンとスコアラーの分析もまさにこのサイクルに沿っています。セイバーメトリシャンは球団経営の視点（戦略視点）から問題を設定し、選手補強の意思決定をサポートする役割を担っており、スコアラーはスポーツの現場（作戦・戦術視点）から問題を設定し、対戦相手の攻略をサポートするという違いがあるだけでしょう。

この両者はチームの勝利という共通の目標に向けて、異なる立場から野球のデータ分析を行っているのです。

野球の「ビッグデータ化」がもたらすもの

データサイエンティストという職業が注目を浴びた背景に、近年「ビッグデータ」という言葉が広く使われるようになっていることが挙げられます。この言葉から分かるように、テクノロジーの進歩によって収集できるデータの範囲が以前と比べてかなり広くなっており、その量もケタ違いに多くなっています。スポーツ分野でも「トラッキングシステム」と呼ばれる半自動的にデータを収集するシステムの導入が進むなど、徐々にビッグデータをどう活用するかが問題になりつつあります。第3章で詳しく触れていますが、メジャーリーグでは

PITCHf/xというトラッキングシステムを全球場で導入しており、投球の変化量や回転量などを計測することができています。

このように、データの質、量が改善されることによってセイバーメトリシャンの活動領域はかなり広くなりつつあります。具体的には、戦略視点だけでなく「投手交代の時期」や「ポジショニング」といった作戦・戦術視点の領域、さらには「選手発掘・獲得」といったスカウトの領域や「どのような選手に育てるべきか」「どのような練習をすべきか」といった選手育成にも統計学のメスが入り始めています。

図1－1　データ活用の組織体制のモデル

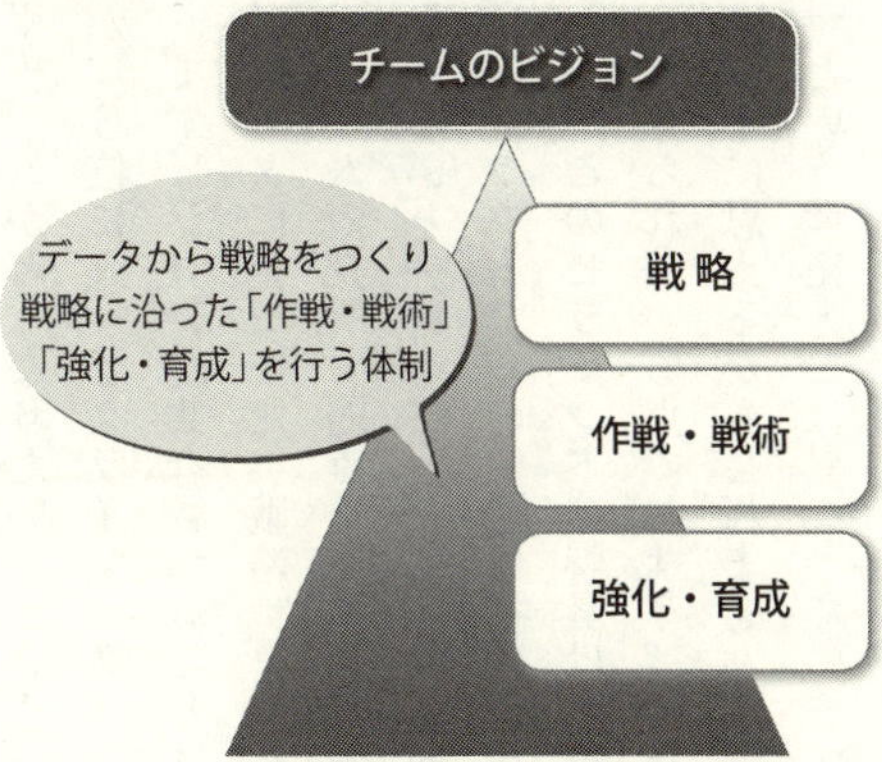
チームのビジョン
データから戦略をつくり
戦略に沿った「作戦・戦術」
「強化・育成」を行う体制
戦略
作戦・戦術
強化・育成

それでは、ビッグデータ化は球団にどのような変化をもたらすのでしょうか。**図1－1**はデータを活用して勝つための組織体制のモデルを表しています。

まずチームがどうなりたいかという「ビジョン」が最上位にあります。今年日本一を目指すのか、3位に入ってクライマックスシリーズを目指すのかによって戦略は異なってきますから、まずビジョンが共有されることは重要です。

次にデータに基づいた「戦略」をつくります。ここはセイバーメトリクスが得意とする分野で、チームの長所・弱点を把握し、戦力をどう整えるかを考えます。例えば右の長距離打者が足りないと分析できたときに、短期的には「右の助っ人を最優先で獲得する」、中長期的には「ドラフトで右の大砲候補獲得を優先する」というようなシナリオがつくられます。

そして、このピラミッドの特徴は「試合での作戦や戦術もこのような戦略の下にあるべきだ」と考えられている点でしょう。すなわち、戦略の下に戦術があるということです。当たり前のことに思えるかもしれませんが、これは「監督がやりたい戦術に基づいて選手を獲得する」という考え方とは異なっています。監督が戦略を立てる役割を担うかどうかにもよるのですが、あくまでも試合内での監督の役割は、戦略に基づいて獲得した選手をきっちり起用し、采配を振るうという点に留まります。

同様に、選手の育成もコーチによって別々の方向を向くことなく、戦略に基づくことが求められます。コーチが「中距離打者に育てたい」と考えても、チーム戦略上「長距離打者として育つ可能性も○％あるから、まずはその可能性を優先させるべき」というデータに基づいた判断があれば、コーチはその方針に従うことが求められます。

現実的には、現場との調整がうまくいかない、戦略、作戦・戦術、強化・育成のデータベースが球団内で統合されていない、戦略から育成までを総合的に担当できる分析チームを作れていないなど、テクニカルな問題が多く残るものの、メジャーリーグだけでなく日本のプロ野球チームでもこのような体制を推進する球団が見受けられます。強いチームをつくるための球団のマネジメント体制は時代に応じて少しずつ変わっているのです。

どのようなデータで分析しているのか

ここまでは、セイバーメトリシャンとスコアラーの思考やデータ活用を行おうとする球団の体制の変化を見てきましたが、そもそも現在はどのようなデータが活用されているのでしょうか。まずは試合中にどういった項目が収集され、活用されているのかを見てみましょう。

まず、手作業での野球のデータ収集を可能にしているのは「スコアブック」です。1球1

図1−2 データスタジアムのデータ収集ツール

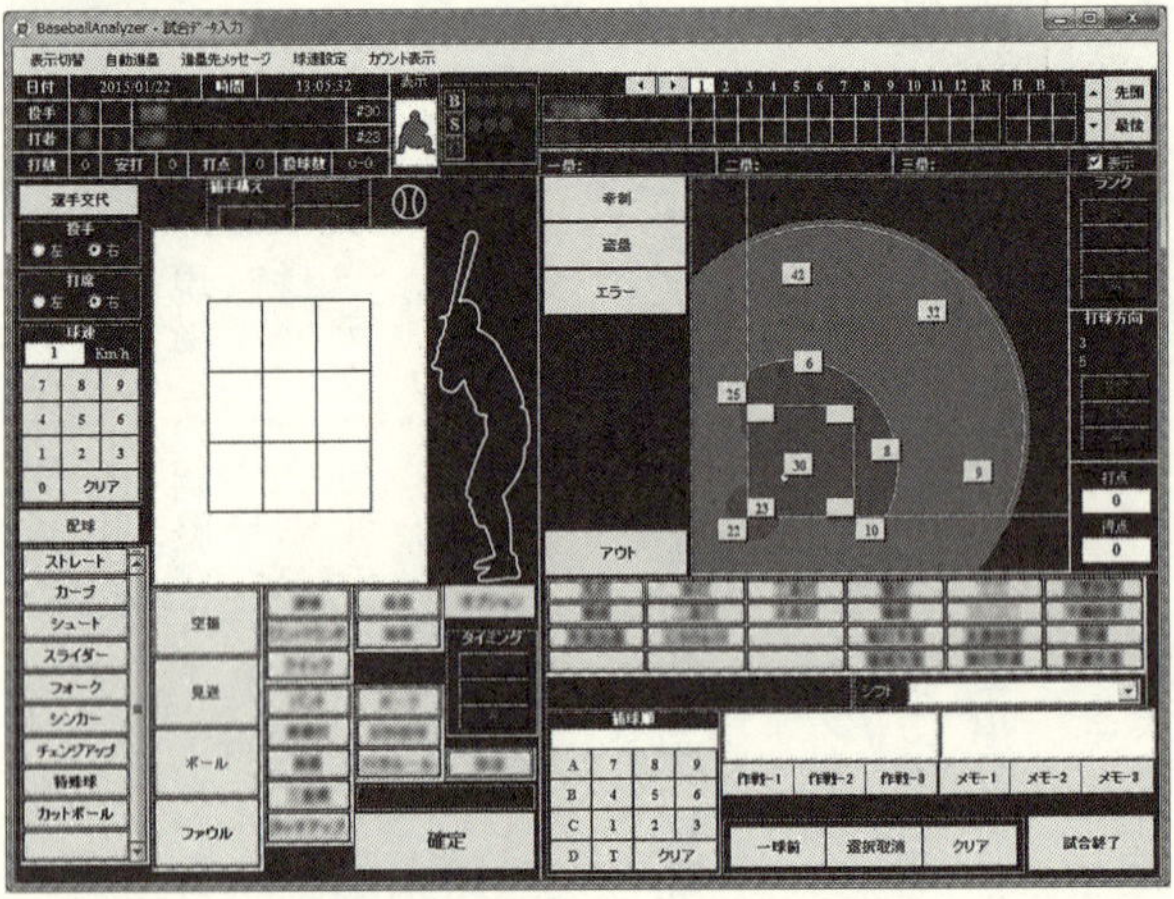

球、紙に投球結果を記入することで、試合内の個人成績や途中経過が分かります。

スコアブックの最大の弱点は「データを蓄積し、集計することがとてつもなく面倒」だということです。1試合のデータを見る分にはさほど問題ないのですが、1年間の成績を集計するのは労力がかかります。試合日に毎日作業するとしても「投球数」「打席数」「安打数」など定型的な記録を集計するほか、やりようがありません。

データの集計が思い通りにできないと「打率が高い」「防御率が良い」というような簡単な分析がメインとなります。スコアラーの草分け的存在といわれる尾張久次《ひさじ》さんのように、1950年代から南海ホークスに所属して丹念にデータを集計・分析していたケースもありますが、その労力はとてつもないものだったのではないかと想像できます。

ところが、PCの普及が徐々に進むと、データを蓄積して集計することが容易になってきました。図1－2は弊社で現在も使っているツールですが、基本的な取得項目は1990年代につくられたものになります。野球のルールそのものはそれほど大きく変わっていませんので、この時代につくられたアイデアが現在でも分析の材料となるデータを生み続けています。

それでは、具体的にどのような項目が収集されるのでしょうか。データスタジアムで収集している基本的な項目を紹介します。

一球ごとの詳細なデータ

野球のデータで最も基本的なものは「公式記録」です。打者であれば「打数はいくつあるか」「ヒットは何本打ったか」などの項目が記録されていますし、投手であれば「1試合で投手がいくつの三振を奪ったか」「誰が勝利投手なのか」といった項目があります。

公認野球規則10・02に基づくと、公式記録の報告書には打者または走者の記録は18項目、投手の記録は15項目（加えて、勝敗セーブなど4項目の細目）を記入できるようになっていなければならないとあります。そして、これらは各リーグが任命した公式記録員によって記録され、報告されることになっています。

データスタジアムはプロ野球の公式記録員を抱えているわけではないのですが、独自のシステムを用いて公式記録と同様のデータを収集することができます。これに加えて、「球種」や「打球の性質・方向」など、オリジナルのデータを一球ごとに収集しています。具体的な項目を見てみましょう。

①コース・高さ（投球が本塁前面上のどの位置に到達したか）、②球速（投球の初速）、③球種（「ストレート」「カーブ」など）、④投球・打撃結果（「見送り」「空振り」「ボール」といった投球結果や「本塁打」「三振」といった打撃結果）、⑤打球性質（「ゴロ」「フライ」「ライナー」といった打球の性質）、⑥打球位置、⑦打球の強さ、⑧捕球送球順、⑨作戦、⑩補足情報

このように、投球数、安打数など公式記録として残されるものと、球種や打球性質などそれ以外のオリジナルデータを同時に収集しています。

トラッキングシステムでデータ収集が半自動化される!?

データスタジアムではここ十数年、先ほど紹介したようなツールを用い、一球ごとのデータを手作業で収集するという状況が続いています。ですが、現在のスポーツ界にはそのデータ収集を根本から変えるシステムが登場しています。それがPITCHf/xなどのトラッキングシステムです。

「トラッキング」という言葉はスポーツ好きならサッカーで聞いたことがあるかもしれません。W杯の南アフリカ大会、ブラジル大会では選手の走った距離がテレビ等で表示されていましたが、この走行距離データもトラッキングシステムによって半自動的に収集されています。日本でも、Jリーグが2015年からトラッキングシステムを導入し、選手の走行距離などのデータを収集し始めています。Jリーグの公式サイトでは走行距離だけでなく、時速24キロ以上で走った際に記録される「スプリント」の回数も見ることができます。

データスタジアムでは野球だけでなく、サッカーやラグビーでも手動でデータを収集しているのですが、どの競技もボールのある位置に関するデータの収集に留まっています。野球の「ポジショニング」、サッカーやラグビーなら「オフ・ザ・ボールでの動き」。これらを分析することはほぼ不可能でした。

ところがトラッキングシステムが導入されると、ボールの軌道や全選手の位置を常に追うことができるようになります。詳しくは第3章で紹介しますが、例えばPITCHf/xシステムを用いると、投球の軌道を再現することができます。またFIELDf/xというシステムでは守備のポジショニングの良さを評価したり、打ってからの打球反応速度を計測したりすることも可能になります。

トラッキングデータは戦略や戦術を高度化させるだけでなく、強化や育成の面、さらにはファンの楽しみ方を増やすという意味でも大きく期待されています。実際、データが公開されているJリーグでは、ファンが走行距離についてインターネットで議論する場面も多くなってきました。

このようなテクノロジーの発展によってスポーツデータの収集方法は変化しており、野球データの収集方法も「スコアブック（すべて手集計）」→「データ収集ツール（機械化）」→

「トラッキングシステム（半自動化）」と変わってきています。

セイバーメトリクスで使うデータとは

さて、第2章ではセイバーメトリクスで使われている一般的な指標を紹介するのですが、今回紹介する指標はトラッキングデータを使わなくても公式記録などからつくることができる指標となっています。

トラッキングデータが導入され始めているとはいえ、公式記録やデータスタジアムで収集しているデータを使った分析はセイバーメトリクスの基本となります。セイバーメトリクスの歴史を考えても、名付け親となるビル・ジェームズは元々球団の内部にいた人ではなく、野球データのファンでした。そのため、集められるデータはあくまでも公式記録であり、指標も公式記録を基につくるものが多いのです。

もちろん、本家アメリカのセイバーメトリシャンはトラッキングデータを用いて「ボールかストライクか際どいゾーンの投球を球審にストライクとコールさせる捕手の捕球能力（フレーミング能力）を測る指標」など、新しい指標を次々と生み出しています。ただ、セイバーメトリクスの初級編としてはそぐわないので、この本で紹介する指標は公式記録＋αでつくれる古典的なセイバーメトリクスとなります。

それでは、第2章でセイバーメトリクスの指標を見てみましょう。

ミニコラム
「ファンタジーゲーム」ってどんなもの？

メジャーリーグのデータの楽しみ方にWeb上での「ファンタジーゲーム」があります。ファンタジーゲームとは仲間内で楽しむ野球シミュレーションゲームです。まずは数名〜十数名で構成するリーグに参加し、それぞれが架空のチームを編成。実際の成績に応じたポイントを競います。

メジャーリーグは4月上旬から始まりますので、3月中に架空ドラフトを行い、保持する選手を決めるのが一般的です（もちろん、シーズン中のトレードや選手の入れ替えも行えます）。ポイントを決めるルールはさまざまなものがありますが、例えばH2Hという対戦形式では今週は「参加者A」vs.「参加者B」、来週は「参加者A」vs.「参加者C」というように、週単位で対戦する相手が変わります。保持している選手の「打率」「本塁打」「得点」「勝利」「防御率」など十数個の項目を集計し、相手より上回った項目数がそのままポイントになります。シーズン開始前に、どの項目をポイントの対象とするかや誰と何回対戦する形式にするかなどリーグの内容をアレンジすることもできます。

アメリカではファンタジーゲームが発達しており「勝つチームを編成する楽しみ」を知っている野球データファンが多くいます。これもセイバーメトリクスが普及している要因の一つでしょう。日本でも野球のシミュレーションゲームはありますが、チーム編成を楽しみ、実際のデータがポイントになるというファンタジー形式のものはほとんどありません。日本のプロ野球ファンの場合、「勝てるチームを編成するというよりも好きなチーム、もしくは好きな選手をコレクションしてチームをつくるユーザーが多い」とは、野球ゲーム会社の方の話です。

強いチームをつくるというシミュレーションゲームは日本人の気質に合わないのか、それともその楽しみ方が普及していないだけなのか。果たして、日本でファンタジーゲームが普及する日は来るのでしょうか。

第2章

セイバーメトリクス指標早わかり

データ分析のプロによる徹底解説

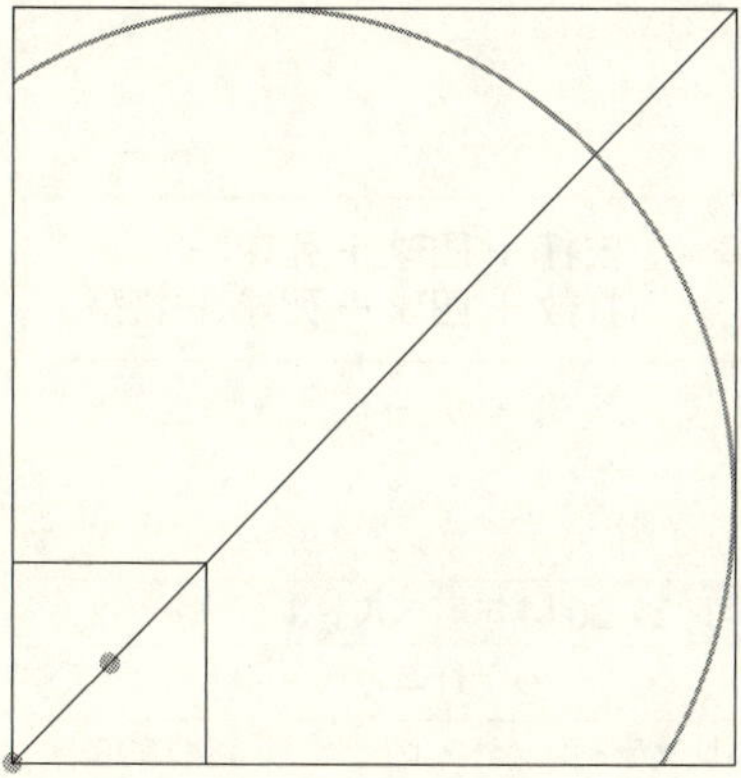

出塁率（OBP）

On-base percentage

攻撃で大事なのは
アウトにならないこと

出塁率 ＝（安打 ＋ 四球 ＋ 死球）÷
（打数 ＋ 四球 ＋ 死球 ＋ 犠飛）

2014年度ベスト3		
セ・リーグ		
1	バレンティン（ヤクルト）	.41928
2	丸　佳浩（広島）	.41925
3	鳥谷　敬（阪神）	.406
パ・リーグ		
1	糸井嘉男（オリックス）	.424
2	柳田悠岐（ソフトバンク）	.413
3	ジョーンズ（楽天）	.394

＊規定打席以上の打者を対象

出塁率とは、打者の「アウトにならない確率」を表した指標です。

野球ファンのみなさんからしてみれば、「〝アウトにならない確率〟なんて回りくどい言い方をせずに、素直に〝出塁する確率〟と言えばいいじゃないか」と思うかもしれません。でも、実はこの〝アウトにならない〟ということが、野球の攻撃においてはとても重要なのです。

これをやさしく理解するために、まずは野球というスポーツにおける、得点が入る仕組みから考えてみましょう。野球の試合で、得点を挙げるにはどうすればいいのでしょうか。ホームランを打つ、タイムリーヒットを打つ、スクイズを決める、などいろいろとありますね。ただし、残念ながらこれだといくら挙げてもキリがありません。そのような得点のパターンは無数に存在するからです。では、かわりにこんなのはどうでしょう。

「三つのアウトを取られるまでに、ランナーを本塁にかえす」

少しかたい言い方になってしまいましたが、野球の試合における得点が入る仕組みは、この一言ですべて片づけることができます。〝三つのアウトを取られるまでに〟というのが大切なポイントです。野球は、3アウトを取られない限り、攻撃を継続することができるスポーツです。逆に3アウトを取られてしまうと、たとえがんばって満塁のチャンスをつくったとしても、攻撃をいったん終了しなくてはならないルールになっています。3アウトになってから得点が入ることは絶対にあり得ませんし、もしあったとしたら、それはきっと野球に似た別のスポーツでしょう。

というわけで、野球は3アウトを取られるまでにどれだけ多くの得点を挙げられるかを競うスポーツと言えます。もちろん、打者が豪快なホームランをかっ飛ばすのに越したことはありませんが、まずは〝アウトにならないこと〟が非常に重要なのです。出塁率は、その確率を表した指標です。

では、次に出塁率の計算式を見てみましょう。

出塁率＝（安打＋四球＋死球）÷（打数＋四球＋死球＋犠飛）

「アウトにならない確率」を表す指標なので、「アウトにならないという目的をもった機会数」を分母、「アウトにならなかった数」を分子としています。分子にはエラーで出塁した数を含めてもよさそうなものですが、エラーでの出塁は打者自身の手柄とは言いがたいため、除外されています。また、分母に犠飛が含まれているのに犠打が含まれていないのは、送りバントという作戦がすでにアウトになることを前提にしていて、〝アウトにならない〟という目的から外れているためです。

この計算によって、打者がどのくらいの確率で〝アウトにならなかったか〟を求めることができます。前述したように、アウトになりづらい打者は、チームの攻撃継続を助ける存在となるので、得点への貢献度が高い打者と言えます。

過去のプロ野球において、1シーズンで最も高い出塁率を残したのは1986年の落合博満（ロッテ）で、その数字は・487。実に、5割近い確率でアウトにならなかったことになります。また、メジャーリーグでは、2004年にバリー・ボンズ（サンフランシスコ・ジャイアンツ）が・609という驚異的な出塁率を残しています。これは、多くの投手がボンズとの勝負を避け、120個もの敬遠四球を与えたことが大きく影響しています。6割以上の確率でアウトにならない打者なんて、普通は考えられないですよね。

2014年のプロ野球では、ジョーンズ（楽天）が・394の出塁率をマークしました。これはパ・リーグで3番目に高い数字なのですが、驚くべきは、ジョーンズの打率がリーグ最低の・221だったことです。つまり、打率＝ヒットを打つ確率はリーグで最も低かったのに、アウトにならない確率はリーグで3番目に高かったのです。これは言うまでもなく、ジョーンズがセ・パ両リーグで最も多い118個もの四球を獲得したことが大きく影響しています。言い換えれば、ヒット以外の方法でたくさんの〝アウトにならない打席〟を作り出したということになります。

出塁率という指標は、どのようにして塁に出たか、という手段を問いません。ヒットでもホームランでも、四球でも死球でも、アウトにさえならなければいいのです。第1章で、チームが勝利するためには、多くの得点を挙げることが重要だと書きました。得点を挙げるには、必ずしもヒットを打つ必要はありません。相手にアウトを与えず、攻撃を継続すればいいのです。

実際、出塁率が高い選手が多く出場しているチームは、得点も多くなることが統計的に分かっています。そして、得点との関係性は打率よりも出塁率の方が強いことも明らかになっています。セイバーメトリクスにおいて出塁率が重要視される理由は、そこにあります。ヒットを打つ確率が高い打者よりも、アウトにならない確率が高い打者の方が、チームに勝利をもたらしやすいのです。

ミニコラム

打率よりも低い出塁率

出塁率は、その計算式の構造上、打率よりも低い値になることがあります。分母に犠飛が含まれているからです。「安打÷打数」で計算される打率は、犠飛を打っても下がりませんが、出塁率は下がります。そのため、稀に出塁率が打率を下回ることがあるのです。

出塁率が両リーグで公式記録に採用された1985年以降、シーズン通算で打率よりも低い出塁率を記録した選手は延べ79人います。中日・荒木雅博もそのひとりで、プロ5年目の2000年に打率・200、出塁率・167を記録しています。打席数が12で、その内訳は10打数2安打、四死球0、犠飛2。計算すると確かに、出塁率が打率を下回ります。

セイバーメトリクスにおいては、指標の構造を正しく理解することも非常に重要です。打率よりも低い出塁率が存在する理由を説明できれば、二つの指標の構造を正しく理解していると言えるでしょう。

長打率（SLG）

Slugging percentage

たとえ打率は低くても効率よく進塁を稼げればいい

長打率 ＝ 塁打 ÷ 打数

2014年度ベスト3		
セ・リーグ		
1	バレンティン（ヤクルト）	.587
2	エルドレッド（広島）	.544
3	山田哲人（ヤクルト）	.539
パ・リーグ		
1	メヒア（西武）	.581
2	中村剛也（西武）	.579
3	糸井嘉男（オリックス）	.524

＊規定打席以上の打者を対象

長打率とは、打者の「進塁を稼ぐ効率」を表した指標です。

野球には四つのベースが存在します。一塁、二塁、三塁、そして本塁です。打者は必ずバッターズボックス＝本塁からスタートして、一塁、二塁、三塁と順番に進んでいきます。そして、再び本塁までかえってくると得点が入ります。その間、当然自分はアウトになってはいけませんし、本塁にかえる前に、チームが3アウトを取られてしまってもいけません。ですから、得点を入れるためには、いち早く本塁を目指して進まなくてはならないのです。

そこで重要になるのが〝効率よく進塁する〟ということです。なかなか聞き慣れない表現かもしれませんが、どういうことかと言うと、与えられた機会の中で、できるだけたくさんの進塁を稼ぐということです。ビジネスの場でも、与えられた8時間の中で10のことをこなすAさんがいれば、同じ8時間でも7のことしかこなせないBさんもいるように、野球の世界にも効率のよい打者とそうでない打者がいるのです。

打者が1打席で稼ぐことができる進塁数は、0～4と決まっています。1は単打や四死球、2～4はそれぞれ二塁打、三塁打、本塁打です。0は出塁できなかったということになるので、すなわち凡退＝アウトを意味しています。

スターティングメンバーとして1試合に出場すると、打者には少なくとも3回は打席がまわってきます。その3打席すべてでホームランを打つと、4×3で12の進塁を稼ぐことができますが、これは少し極端な例ですね。現実的には、単打1本と残り2打席はアウトで一つしか進塁を稼げない打者もいれば、二塁打2本で四つの進塁を稼ぐ打者もいます。この場合、前者よりも後者の方が進塁を稼ぐ効率がよい、という評価になります。

これが100打席になっても、500打席になっても、考え方は同じです。打席数に対して、稼いだ進塁数が多ければ多いほど、効率的に進塁を稼いでいる打者と言えます。長打率は、そういった評価に適した指標と考えていいでしょう。

では、実際に長打率の計算式を見てみましょう。

長打率＝塁打÷打数

はい、実にシンプルですね。言葉にすると、「1打数あたりの塁打」です。塁打とは、単打を打つと1、二塁打を打つと2、三塁打を打つと3、本塁打を打つと4がそれぞれ加算される記録のことで、先ほどの説明にあった〝稼いだ進塁数〟に当てはまる数字と言えます。つまり、長打率は1打数でどれだけ進塁を稼げるか、を表した指標なのです。

ちなみに、すでにお気づきの方もいるかもしれませんが、長打率には四死球が一切考慮されていません。あくまで打者のヒッティングに焦点をしぼった指標だからです。そのため、ヒットの時のみ記録される塁打を分子、四死球の際には記録されない打数を分母としています。

それでも長打率は、打率では評価することができない〝進塁数〟の要素が含まれている点で、指標としての価値が高いと言えます。打率は単打も本塁打もすべてヒット１本として扱うため、４打数で単打４本の選手も、４打数で本塁打４本の選手も、同じ打率10割としか評価されません。また、３打数で単打３本の選手と、３打数で本塁打１本の選手がいた場合、打率では前者が１・０００、後者が・３３３となりますが、長打率では前者が１・０００、後者が１・３３３となり、評価が逆転します。

その象徴的な事例と言えるのが、２０１１年のバレンティン（ヤクルト）です。この年、バレンティンの打率は・２２８で、セ・リーグ最低の数字でした。しかし、長打率を見ると、規定打席に到達した打者の中ではリーグ最高となる・４６９という数字を残していたのです。

これは、ヒットを打つ確率は低くても、長打を打つことで、単打が多い選手よりも効率よく進塁を稼げる場合があるということを示す好例と言えるでしょう。その2年後の2013年、バレンティンはプロ野球最多記録となるシーズン60本塁打を放ち、同時にプロ野球最高記録となるシーズン長打率・779もマークしました。

日本人選手のシーズン長打率では、1985年に落合博満（ロッテ）が残した・763が最高で、前述のバレンティン、1986年のバース（阪神）に次ぐ歴代3位の記録です。この年の落合は自身2度目の三冠王に輝くなど、とにかく成績が圧倒的で、52本塁打と351塁打はともにキャリア最高の数字となりました。プロ野球の歴史においても屈指の強打者として語られる落合が、その実働期間で最も効率よく進塁を稼いだシーズンと言えるかもしれません。

こうして見ると、一概には言えないものの、やはり長打は〝偉大〟だということに気づかされます。コンスタントに単打を重ねても、なかなか得点を挙げられないことはよくあります。もちろん、長打ばかりを狙って不発を繰り返しては仕方ありませんが、効率よく進塁を稼ぐことができる二塁打や三塁打、本塁打は、チームが得点を挙げる上で大きな助けとなるのです。

打率が高いのに点が取れない、そんなチームを見かけたら、ぜひ長打率を確認してみてください。そのチームは、効率よく進塁を稼げているでしょうか。

OPS
On-base Plus Slugging

出塁率と長打率を同時に評価する

OPS ＝ 出塁率 ＋ 長打率

2014年度ベスト3		
セ・リーグ		
1	バレンティン（ヤクルト）	1.007
2	山田哲人（ヤクルト）	.941
3	丸　佳浩（広島）	.910
パ・リーグ		
1	中村剛也（西武）	.963
2	メヒア（西武）	.950
3	糸井嘉男（オリックス）	.948

＊規定打席以上の打者を対象

ＯＰＳとは、打者の「総合的な得点能力」を表した指標です。

いきなりこのページに飛んできてしまったという方は、少し戻って、出塁率と長打率のページを読んだあとに、もう一度ここへやって来てください。その方が、きっとこの指標についての理解が深まるはずです。

すでに出塁率と長打率のページを読んでくださった方は、この二つがそれぞれ、打者の〝アウトにならない確率〟と〝進塁を稼ぐ効率〟を評価するものであること、そして、どちらも得点を挙げる上で非常に重要な指標だということをよく理解されていることと思います。

そこでふと、次のような疑問が浮かばないでしょうか。

「どちらも重要な指標なのはよく分かったけど、例えば出塁率がリーグでいちばん高い選手Aと、長打率がリーグでいちばん高い選手Bがいた場合、結局のところどっちが優秀なの？」

非常に鋭い疑問だと思います。セイバーメトリクスは、客観的な視点から主に選手の価値＝勝利への貢献度を評価する分析手法です。であるならば、選手Aと選手Bではどちらが価値のある打者、すなわち勝利に貢献できる打者なのか明らかにしたい、と考えるのはとても合理的な発想と言えます。

この問題を解決するには、ボクシングとプロレスの異種格闘技戦のように、二つの異なる要素を一つの土俵でぶつかり合わせ、総合的に優劣をつける必要があります。つまり、〝アウトにならない確率〟と〝進塁を稼ぐ効率〟を同時に評価できる一つの指標が必要になるのです。

そこで登場するのが、このＯＰＳという指標です。まずは計算式を見てみましょう。

ＯＰＳ＝出塁率＋長打率

驚くことに、なんと出塁率と長打率をそのまま足しただけの指標なのです。ＯＰＳは On-base Plus Slugging の略。つまり、「出塁＋長打」です。潔いほどにシンプルな計算式と言えますね。でも、いくら出塁率と長打率が二つとも重要な指標だからと言って、そのまま足しただけで本当に適正な打者の評価ができるのだろうか、そう思う人も少なくないはずです。

しかし、これが意外にもできてしまうのです。それも、かなり高い精度で。こんなに簡単な計算式なのに、高い精度で打者の総合的な優劣をつけることができてしまう、それこそが、このＯＰＳという指標の恐るべき長所なのです。

ＯＰＳが精度の高い指標であるかどうかは、得点との連動性の高さから分かります。野球は得点を多く挙げたチームが勝利するスポーツなので、打撃においては、得点を増やすことができる打者が、チームの勝率を高めてくれる存在と言えます。したがって、ＯＰＳが高いとチームの得点が増える、または、ＯＰＳが低いとチームの得点が減る、というような連動性が証明できれば、ＯＰＳは打者の勝利への貢献度を評価するのにふさわしい指標であるということが言えるのです。

実際にその連動性を見てみると、出塁率単体や長打率単体よりも、二つを足したＯＰＳの方が、得点との結びつきが強いことが分かりました。どのように調べたかというと、シーズンごとに各チームの得点とＯＰＳを求め、双方がどのような関係性にあるかを分析します。68ページのグラフがそれを表したものです。

図ＯＰＳ－１は、プロ野球過去30年分のチームシーズン成績から、ＯＰＳを横軸、１試合の平均得点を縦軸にしてプロットしたものです。右に行けば行くほどＯＰＳが高いチーム、上に行けば行くほど得点が多いチームとなります。合わせて見ると、ＯＰＳが高いチームは得点が多く、逆にＯＰＳが低いチームは得点が少ないことが分かります。

図ＯＰＳ－１　NPB過去30年：OPS・平均得点

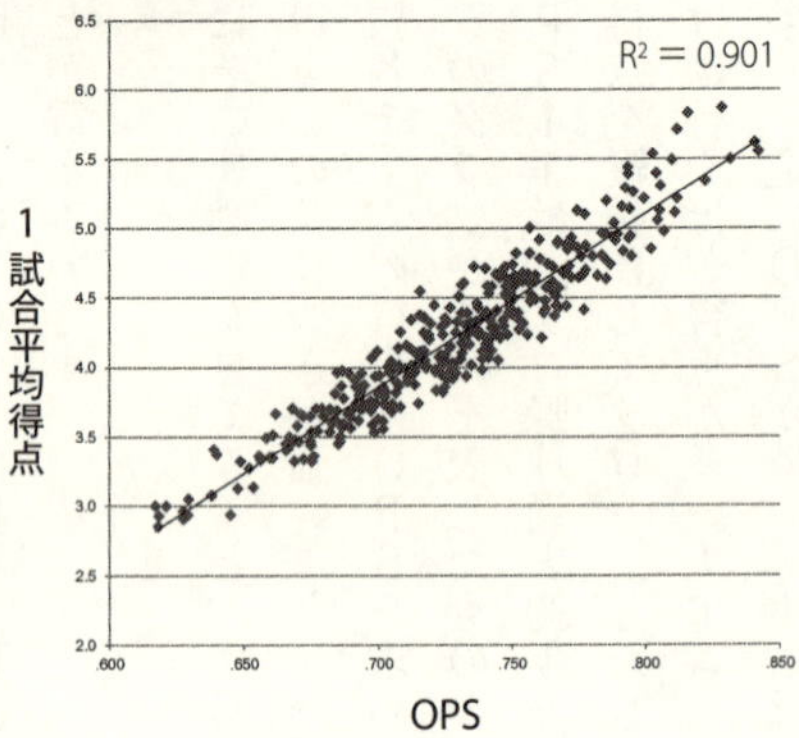

つまり、得点とＯＰＳが連動しているということです。この左下から右上にかけての線のような点の集まりが、細くまとまっていればまとまっているほど、連動性が高いことを意味します。出塁率と長打率についても同様のグラフを見てみましょう（図ＯＰＳ－２、ＯＰＳ－３）。

二つの指標も確かに得点と連動していますが、ＯＰＳに比べるとやや散らばりが大きいのが分かります。このことから、ＯＰＳは出塁率や長打率よりも、得点との連動性が高い、すなわち、打者の得点能力を評価する上で精度が高いと言えるのです。

さて、これでＯＰＳの重要性を分かっていただけたでしょうか。要約すると、得点を挙げる上で重要な指標である出塁率と長打率を足したら、ＯＰＳというさらに重要な指標になった、ということです。足し算を見くびってはいけませんね。繰り返しになりますが、ＯＰＳの長所は、計算が簡単であるにもかかわらず、その精度が高いというところにあります。

そんなわけで、ＯＰＳを用いれば、出塁率がリーグでいちばん高い選手Ａと、長打率がリーグでいちばん高い選手Ｂを一つの土俵で比較することができます。

図OPS－2　NPB過去30年：出塁率・平均得点

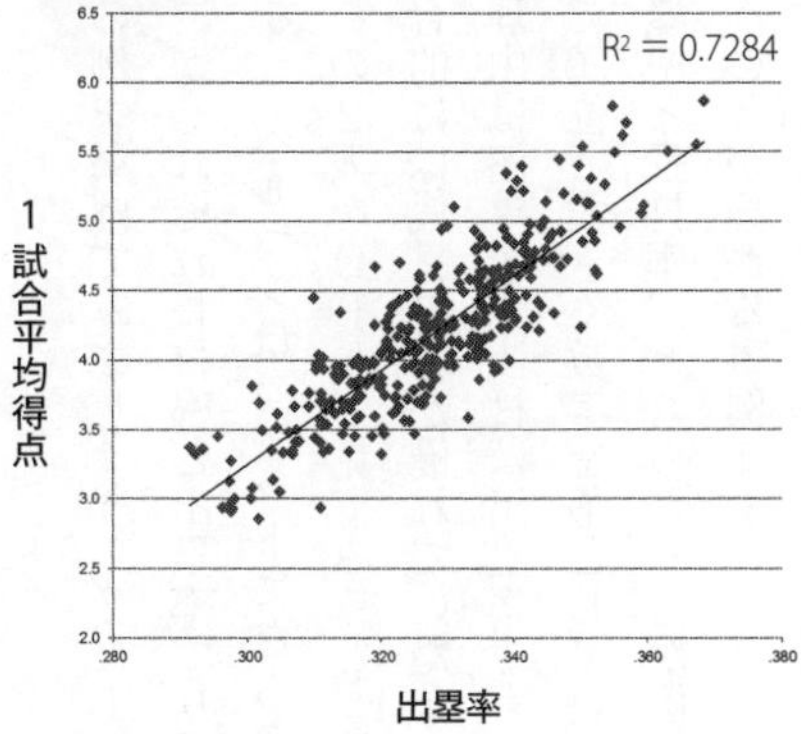

図OPS－3　NPB過去30年：長打率・平均得点

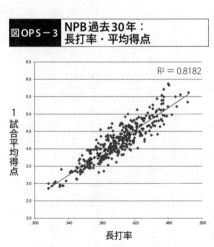

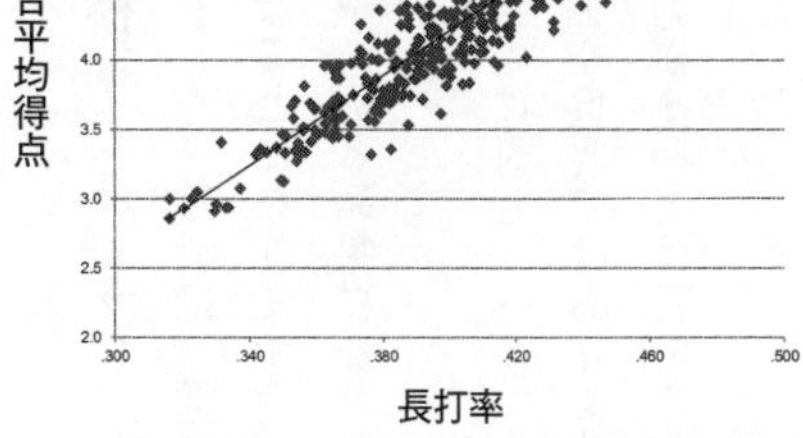

実際の例を挙げてみましょう。2013年のパ・リーグでは、浅村栄斗とヘルマン（ともに西武）がそれぞれ長打率と出塁率でリーグ最高の数字をマークしました。浅村は〝進塁を稼ぐ効率〟、ヘルマンは〝アウトにならない確率〟で最も優れていたことになります。ところが、この2人をOPSで見てみると、浅村は1位、ヘルマンは11位という結果になりました。総合的には浅村の方が優れていたということです。

その理由は簡単で、浅村は出塁率でも7位とまずまずの数字だったのに対し、ヘルマンは長打率で20位と大きく数字を落としていたからです。順位自体はあまり重要ではありませんが、出塁率と長打率、どちらか一方が優れているだけでは、得点能力が高いとは言いきれないということが分かる事例です。

これに対して、2009年の中村剛也（西武）は少し状況が異なります。この年の中村は出塁率が・359でリーグ14位、長打率が・651でリーグ1位でした。先ほどのヘルマンとは逆ですが、どちらか一方が優れているという点で共通しています。それでも、中村のOPSはヘルマンと違い、リーグ1位の数字でした。

このケースも理由は簡単です。確かに中村の出塁率は高い数字ではありませんでしたが、それ以上に、長打率が圧倒的に高かったのです。ＯＰＳは出塁率と長打率の足し算で求められます。中村のように、一方が低くても、もう一方が突出して高いために、優秀なＯＰＳを残す選手もいるということです。

ＯＰＳはあくまで総合的な評価をするための指標なので、その内訳を見ないと、浅村のような〝バランスタイプ〟なのか、中村のような〝一芸タイプ〟なのかは判別がつきません。しかし、得点能力を評価する上では、それはあまり気にする必要のないことです。足し算の答えこそが、重要なのです。

ボールゾーンスイング率

Outside swing percentage

四球を選ぶのは、ヒットを打つよりも才能がいる

ボールゾーンスイング率 ＝
ボールゾーンスイング数 ÷
ボールゾーン投球数

2014年度ベスト3

セ・リーグ			
1	丸　佳浩	(広島)	14.4%
2	鳥谷　敬	(阪神)	14.8%
3	上本博紀	(阪神)	15.9%
パ・リーグ			
1	栗山　巧	(西武)	19.8%
2	ジョーンズ	(楽天)	20.5%
3	西川遥輝	(日本ハム)	21.0%

＊規定打席以上の打者を対象

ボールゾーンスイング率とは、打者の「四球を選ぶ才能」を表した指標です。

出塁率を向上させるには、ヒットを打つ、四球を選ぶ、死球を受けるという三つの方法が

あります。このうち、〝死球を受ける〟はほかの二つに比べてずいぶんと数が少ないので、あまりアテにはできません。実際、出塁率はヒットを打つ確率と四球を選ぶ確率の二つでだいたい決まってしまいます。

ヒットを打つことと四球を選ぶことは、どちらも同じくらい大切です。では、たくさんのヒットを打てる打者と、たくさんの四球を選べる打者とでは、チームにとってどちらが貴重な存在でしょうか。こんな調査をしてみました。

過去30年のプロ野球において、１シーズンで１６０本以上ヒットを打った選手は、延べ２３７人いました。また、１シーズンで70個以上四球を選んだ選手は、延べ２４１人いました。どちらも、同じくらいの出現率です。このことから、１シーズンでヒットを１６０本以上打つことと、四球を70個以上選ぶことは、同じくらいの難しさであると考えられます。

ですが、これを延べ人数ではなく、一度でも達成したことがある選手が何人いるかで数えると、また違う結果が表れます。１６０本以上ヒットを打ったことがある選手は１１６人いるのに対し、70個以上四球を選んだことがある選手は97人しかいないのです。これはつまり、70個以上四球を選んだ延べ２４１人の中には、同じ選手が複数回達成しているケースが多くあったということです。もっと言えば、１６０本以上ヒットを打つことよりも、70個以上四球を選ぶことの方が、達成できる選手が限られているということになります。

前置きが長くなりましたが、以上のことから推測できるのは、たくさんヒットを打つことよりも、たくさん四球を選ぶことの方が才能を必要とされる、ということです。すなわち、後者の方が貴重な存在だと考えることができます。

その〝四球を選ぶ才能〟を評価する方法の一つが、ボールゾーンスイング率です。計算式は次の通りです。

ボールゾーンスイング率＝ボールゾーンスイング数÷ボールゾーン投球数

ボールゾーンに投じられた投球のうち、スイングをした割合ということになります。セイバーメトリクスの世界では、打者の選球眼を評価するのによく用いられます。この数字が低ければ低いほど、ボールゾーンの投球に対して手を出していないことになり、当然四球を選ぶ確率も上がります。

前述の達成人数の話からも読み取れるように、この能力は才能によるところが大きく、指導やトレーニングなどによって鍛えるのが難しいとされています。逆に、例年優秀なボールゾーンスイング率を残している選手は、あるシーズンで急に数字が悪くなるようなことはあまりありません。つまり、シーズンをまたいでも好不調の波が小さいということです。

このボールゾーンスイング率は、出塁率を決定する主な要素である、ヒットを打つ確率と四球を選ぶ確率のうち、後者と強く結びつきます。好不調の波が小さいことを考えると、出塁率を安定させる土台のようなものとも言えるでしょう。ヒットを打つ確率が調子や運によってある程度変動しても、土台である四球を選ぶ確率はしっかり安定している、そんなふうにイメージするといいと思います。だから、ボールゾーンスイング率もまた、選手を評価する上で重要な指標なのです。

近年のプロ野球においてボールゾーンスイング率が優秀な選手を挙げるなら、なんと言っても鳥谷敬（阪神）でしょう。鳥谷は2008年から2014年にかけて、常にリーグ平均を大きく下回る優秀な数字を残し、7シーズンでリーグ1位が4回、2位が2回、3位が1回と素晴らしい内容でした。

その結果、鳥谷は毎年のように多くの四球を選び、2011年から2013年には3年連続でセ・リーグの最多四球を獲得しています。彼の高い出塁率は、まさにこの四球を選ぶ確率の高さによって支えられていると言っていいでしょう。そして、その背景にあるのが、ボールゾーンスイング率の低さだということです。

さらに、ボールゾーンスイング率が低い選手は、四球を選ぶ確率を上げること以外にも、いくつかの副産物を得られる可能性があります。それは、ボール球に手を出さないことで凡打の確率を下げ、ボールカウントも打者有利な状態にできるというもの。そして、相手投手に球数を投げさせることで、スタミナを奪うことができるというものです。

これらの副次的なメリットも含めて、ボールゾーンスイング率は重宝すべき指標と言えるでしょう。また、打席機会が少なく、四球を選ぶ確率が表面化していないような若手選手でも、この指標を見ることでその潜在能力を推し測ることができます。

ミニコラム
選球眼の悪い打者は誰か

鳥谷のように選球眼の優れた選手がいれば、当然その逆もいます。選球眼の悪い選手、いわゆる〝悪球打ち〟の選手です。近年ではラミレス（ヤクルト・巨人・ＤｅＮＡ）やブラゼル（西武・阪神・ロッテ）などがその典型で、特にブラゼルは毎年50％近いボールゾーンスイング率を残していました。例年15％前後を推移する鳥谷とは段違いの数字であることが分かります。

選球眼の悪い打者の多くは、とにかく積極的にスイングするタイプで、ストライクゾーンでもボールゾーンでも打てると思ったら構わず手を出す、という傾向があります。外国人によく見られるタイプではありますが、日本人でも松田宣浩（ソフトバンク）や今江敏晃（ロッテ）はこの中に分類される代表的な存在と言えます。

四球を選ぶのが苦手な彼らには、出塁率を安定させる土台がありません。ヒットを打てるか打てないかで、得点への貢献度が大きく左右されるのです。

ISO
Isolated Power

希少価値の高い、正真正銘のスラッガー

ISO ＝ 長打率 － 打率

2014年度ベスト3

	セ・リーグ	
1	バレンティン（ヤクルト）	.287
2	エルドレッド（広島）	.284
3	筒香嘉智（DeNA）	.229

	パ・リーグ	
1	中村剛也（西武）	.322
2	メヒア（西武）	.290
3	ペーニャ（オリックス）	.231

＊規定打席以上の打者を対象

ＩＳＯとは、打者の「純粋な長打力」を表した指標です。

一般的に〝長打力が高い打者〟と言うと、王貞治（巨人）や松井秀喜（巨人、ニューヨーク・ヤンキース）のような高確率でホームランを打てる打者を思い浮かべる人が多いと思います。また、ランス（広島）のような、確率は低いけれど〝当たれば飛ぶ〟というタイプの打者を思い浮かべる人もいるかもしれません。いずれにしても、パワーに優れていることが共通の条件と言えます。

では、長打力を評価する指標は、どんなものがあるでしょう。真っ先に思い浮かぶのは、長打率ではないでしょうか。長打率なんて、いかにも長打力を評価するのに持ってこいの名前です。

先に長打率のページを読まれた方にとってはおさらいになりますが、この指標は「塁打÷打数」の計算式で求めることができます。塁打は、長打を打てば打つほど増えますから、確かにこの指標で長打力を測ることができそうです。

でも、少し冷静に考えてみましょう。この計算式は、単打も評価する仕組みになっています。具体的に言うと、単打を打つことでも長打率を上げられるようになっているのです。もちろん、単打も得点を挙げる上ではプラスに働く要素なので、それはそれで評価すべきでしょう。ただし、純粋な長打力の評価としては、適切ではないように思えます。

極端な話、100打数で40本の単打を打っても、100打数で10本の本塁打を打っても、長打率は同じ・400とはじき出されます。この場合、得点能力という点においては同等の評価を与えてもいいかもしれませんが、私たちがイメージする〝純粋な長打力〟という点では、さすがに同じ評価というわけにはいかないでしょう。

そこで登場するのがISOです。この指標はIsolated Powerの略で、IsoPとも表記されます。日本語にすると〝分離された長打力〟。次の計算式で求めることができます。

ISO＝長打率－打率

長打率と打率の差分、すなわち「塁打－安打」を打数で割ることで、長打率から単打の要素を取り除いた形になっています。つまり、単打は0（＝アウトと同じ扱い）、二塁打は1、三塁打は2、本塁打は3に置き換えられ、それを1打数あたりにどれだけ稼いだか、という数字になっているのです。この方法により、長打率では今一つぼんやりしていた、打者の純粋な長打力だけを浮かび上がらせることができます。

過去のプロ野球で最も高いISOをマークしたのは、60本塁打を放ったシーズン＝201

3年のバレンティン（ヤクルト）で、その数字は・449でした。以下、1974年の王貞治、2002年のカブレラ（西武）と続き、4～9位はすべて王が独占しています。バレンティンの驚異的なパワーももちろんすごいのですが、それと同じくらい、〝世界の王〟がいかに毎年のように高い長打力を誇っていたかが分かるデータでもあります。

ちなみに、冒頭で例として挙げた松井秀喜は、日本のプロ野球最終年となる2002年の・358が自己最高のISOでした。ランスは来日した1987年に打率・218、長打率・536、ISO・318と、まさに〝当たれば飛ぶ〟といった具合の数字を残していました。

また、2014年のパ・リーグで特にその数字が光ったのが、大谷翔平（日本ハム）です。大谷は投手との二刀流としてプレーしたため規定打席には到達していませんが、200打席以上の打者ではパ・リーグ3位となるISO・231をマークしました。投手としてエース級の実力を持ちながら、打者としてもリーグ屈指の長打力を備えるとは、本当に信じがたいことです。しかも、当時まだ20歳になったばかりだということも忘れてはいけません……。

ISOはボールゾーンスイング率などと同じように、打者の才能によるところが大きく、調子の波や運に左右されることが少ないため、シーズンをまたいでも安定しやすい数字とされています。したがって、ＩＳＯも長打率を安定させる土台のようなものと考えていいでしょう。

裏を返せば、純粋な長打力というのは、バットコントロールなどほかの能力に比べて、レベルアップを図るのが難しい能力であるとも言えます。もちろん、年齢が若い時ほど成長の可能性を持ってはいますが、この土台があるかないかで、将来的に期待される打者としての完成形も変わってきそうです。その意味でも、ＩＳＯが高い選手は重宝すべき存在と言えます。長打力に優れた打者が少ないプロ野球においては、なおさら希少価値が高くなります。

ミニコラム
二刀流!?　驚異の長打力を誇ったエース

高卒3年目にして球界トップレベルのＩＳＯをマークした大谷翔平について触れましたが、過去にはこれに匹敵するような選手もいました。巨人Ｖ９時代のエース、堀内恒夫です。堀内は高卒2年目の１９６７年、54打数という少ない打撃機会で４本塁打を放ち、打率・２４１、長打率・500でISO・259をマークしました。これは同シーズンの張本勲（東映）や江藤慎一（中日）と同じくらいの値です。もちろん、リーグや機会数の違いもあって一概には比較できませんが、少なくとも投手が残す数字としては驚異的としか言いようがありません。

ご存じの方も多いと思いますが、4本塁打のうち3本は、自身が投手としてノーヒットノーランを達成した試合でのこと。投手では史上初となる3打席連続本塁打を放ち、文字通りグラウンドを独り舞台にしてしまいました。

堀内はその後のシーズンでも持ち前の強打を発揮し、通算21本塁打をマークしました。まさに野手顔負けのバッティングといった具合で、長打力が才能に依存しやすい能力であることを示す具体例の一つと言えます。

wRAA

Weighted Runs Above Average

この選手のおかげで どれだけ得点が入ったのか

wRAA＝ 省略（本文参照）

2014年度ベスト3		
セ・リーグ		
1	山田哲人（ヤクルト）	43.3
2	丸　佳浩（広島）	37.2
3	バレンティン（ヤクルト）	35.9
パ・リーグ		
1	糸井嘉男（オリックス）	44.8
2	中村剛也（西武）	35.5
3	柳田悠岐（ソフトバンク）	34.5

ｗＲＡＡとは、打者の「チームにもたらす得点の多さ・少なさ」を表した指標です。

ＯＰＳの説明において、チームの得点を増やすことができる打者は、チームの勝率を高めてくれる存在であり、価値のある選手であるということを述べました。そして、ＯＰＳを物差しにすることで、打者の得点能力をかなりの精度で評価することができる、ということもそこで述べています。

ただし、ＯＰＳでは分からないこともあります。それは、例えばＯＰＳ・８００の打者がいた場合、その打者はチームの得点を何点分増やしてくれるのか、ということです。ＯＰＳ・８００は一般的に見て優秀な数字ですから、その打者の得点能力が普通の打者よりも優れていることまでは分かります。でも、具体的に「何点分優れているか」までは分からないのです。

別の例を挙げると、ＯＰＳ・８５０の打者Ａと・７５０の打者Ｂがいた場合、打者Ａは打者Ｂに比べて、何点分多くチームに得点をもたらすのでしょうか。これも、ＯＰＳでは測り知ることができません。ＯＰＳは計算が簡単で利便性の高い指標ですが、それによって分かることには、さすがに限界があるのです。

そこで必要になってくるのがｗＲＡＡです。この指標は「打者の成績を得点に換算する」という考え方に基づいています。どういうことかと言うと、例えば、あるシーズンで５００

打席に立ち、そのうち単打が100本、二塁打が25本、三塁打が5本、本塁打が15本、四球が40個、死球が5個、という成績を残した打者がいたとして、これらの数字をもとに「この打者は○点分の貢献をした」という評価を下します。これが「成績を得点に換算する」ということです。

どのように換算するかというと、その計算方法は非常に複雑です。まず、先ほど出てきた単打や本塁打、四球などの打撃結果一つ一つに対して、1回あたりの「得点価値」というものを割り出します。単打を1本打ったら何点分、本塁打を1本打ったら何点分、といった具合です。当然ですが、単打よりも本塁打の方が得点価値は高くなります。

では、その「得点価値」がどのように決められているかというと、これまた非常に複雑な計算を行います。大まかに説明すると、単打であれば単打1本によって、平均してどのくらいチームの得点数や得点の可能性が高まったかを、数年分の結果から統計的に割り出しています。本塁打や四球など、ほかの打撃結果に対しても同じ計算を行い、各打撃結果の得点価値を決めていくのです。そうして決められた得点価値を打者の成績と掛け合わせることで、その打者が何点分の貢献をしたかが分かります。では、実際にwRAAの計算式を見てみましょう。

wRAA＝【当該打者の〔｛0・55×敬遠以外の四球＋0・58×死球＋0・74×（失策出塁＋野選出塁）＋0・7×単打＋1・04×二塁打＋1・39×三塁打＋1・68×本塁打｝÷（打数＋敬遠以外の四球＋死球＋犠飛）〕－リーグ全体の〔｛0・55×敬遠以外の四球＋0・58×死球＋0・74×（失策出塁＋野選出塁）＋0・7×単打＋1・04×二塁打＋1・39×三塁打＋1・68×本塁打｝÷（打数＋敬遠以外の四球＋死球＋犠飛）〕】×当該打者の打席数

見るからに複雑なつくりですね。各打撃結果に対して掛けられている小数の値は、得点価値に一律0・26を加算した数字です。0・26というのは、打者がアウトになったときのマイナス分の得点価値を指しています。打者がアウトになると、チームの得点の可能性は下がるので、アウトの得点価値はマイナスになっているのです。しかし、実際の試合では打者がアウトになり続けてもチームの得点が減るわけではありません。あくまで0であり続けるだけです。アウトをマイナスではなく0として評価するために、ほかの打撃結果に0・26

を足すことで、その形をなしているのです。

まだ計算式の説明は途中です。式の構成を大きく分けると、「【当該打者の［～省略～］－リーグ全体の［～省略～］】×当該打者の打席数」となっています。［ ］の中は、1打席あたりの得点への貢献値です。当該打者とリーグ全体で、1打席あたりの貢献値の差分を求め、それに当該打者の打席数を掛けることで、最終的には「リーグの平均的な打者が同じ打席数を立つ場合に比べて、チームにどれだけ多く（少なく）得点をもたらしたか」が求められます。これが、wRAAという指標の構造です。

「同じ打席数を立つ場合に比べて」という評価方法も、wRAAの特徴の一つです。例えば1打席あたり、リーグの平均的な打者に比べて0・05点多く稼ぐ打者がいたとします。その打者がシーズン500打席に立つとチームの総得点は25点分増えますが、200打席しか立てなかった場合、チームの総得点は10点分しか増えません。打力は同じでも、後者は200打席しか立てなかった分、評価が下がるのです。このように、wRAAは1打席あたりの貢献度という〝質〟の部分だけでなく、どれだけ打席に立ったかという〝量〟の部分も含めて評価しています。このあたりも、OPSにはない考え方と言えるでしょう。

２０１４年のプロ野球において、最も高いｗＲＡＡを残したのはヤクルト・山田哲人で、その値は43・3でした。このシーズンで山田は６８５打席に立っていますので、数字の意味としては、「リーグの平均的な打者が６８５打席立つ場合に比べて、山田はチームに43・３点分多く得点をもたらした」となります。平均よりも１打席あたり０・０６点分多く稼ぎ、さらにセ・リーグ最多の打席数に立ったことがその要因でしょう。逆に、同じくヤクルトのバレンティンは平均よりも１打席あたり０・０８点分多く稼いでいましたが、故障による離脱もあって４４６打席しか立てなかったため、ｗＲＡＡでは35・9という評価になりました。質は高くても、量が少なかったということです。

選手のパフォーマンスを得点に換算する指標は、打撃だけでなく投球や守備にも用意されています。これらがあることで、投手と野手を比べて評価するようなことも可能になります。防御率１・５０と打率３割５分では、どちらがすごいのか今一つ分かりませんが、得点という共通の評価軸で比べれば、ずっと答えを導きやすくなるはずです。このように得点に置き換えていく手法は、セイバーメトリクスの柱のようなものになっています。

奪三振率（K/9）

他の選手や運に左右されない、投手の純粋な能力

奪三振率 ＝ 奪三振 × 9 ÷ 投球回

2014年度ベスト3		
セ・リーグ		
1	メッセンジャー（阪神）	9.76
2	藤浪晋太郎（阪神）	9.50
3	杉内俊哉（巨人）	8.19
パ・リーグ		
1	大谷翔平（日本ハム）	10.37
2	金子千尋（オリックス）	9.38
3	則本昂大（楽天）	9.06

＊規定投球回以上の投手を対象

奪三振率とは、投手の「安全にアウトを取れる力」を表す指標です。

投手の能力を測るための指標の一つで、数値が高いほど奪三振能力の優れた投手と評価で

きます。三振の数だけで比較すると投球機会の多い投手ほど有利となってしまうため、1試合投げきったと仮定した9イニングあたりの数値で比較しています。

投手の力量だけでアウトを記録する手段は、三振以外にありません。厳密にはワンバウンドする変化球で三つ目のストライクを記録した際など、捕手や一塁手などがアウトの成立にかかわるケースもありますが、数は少なく、あくまで補助としての役割にとどまります。

三振は投手にとって、最も安全なアウトの取り方でもあります。たとえ160キロのストレートで打者のバットをへし折っても、グラウンドのどこかへ打球が飛ぶことで打者走者が一塁に到達する可能性が生まれます。偶然野手のいないところに飛んでしまう場合もあれば、味方の野手がエラーを犯してしまう可能性もあります。発生確率の低い振り逃げのケースを除けば、三振が最も確実にアウトを記録できる手段なのです。

奪三振率の優秀な投手は、次のシーズンも優れた数値を再現する可能性が高いという特徴があります。これは打率などの成績と違って他者や「運」の影響する可能性がとても小さいため、投手の能力を比較的素直に反映しやすいことが原因と考えられています。2ケタ勝利を挙げた投手がその次のシーズンにさっぱり勝てなくなる、というケースは時々見られますが、奪三振率についてはそのような数字の浮き沈みは起きにくいということです。

高い奪三振率を再現し続けている例として、3度の最多奪三振のタイトルを獲得している杉内俊哉（巨人）のケースを例に挙げましょう。

2003年	9.35
2005年	9.98
2006年	7.73
2007年	8.51
2008年	9.78
2009年	9.61
2010年	10.74
2011年	9.30
2012年	9.50
2013年	8.76
2014年	8.19

（50イニング以上投げたシーズンを対象）

右のデータを見ると分かる通り、杉内は例年高い奪三振率をキープし続けています。このうち2008年、09年、12年に最多奪三振のタイトルを獲得しました。キャリアハイは10年の10・74ですが、このシーズンは222奪三振を記録したダルビッシュ有（日本ハム）にタイトルを譲りました。ただしダルビッシュの奪三振率は9・89で、こと三振の頻度という点では、杉内に軍配が上がる格好となっています。

奪三振率が投手の能力を反映しやすいという意味では、徐々に奪三振率が下がっている近年の杉内は、衰えの兆候を示していると解釈できます。とはいえ、リーグ平均は6・50から7・00くらいなので、まだまだ「安全にアウトの取れる」投手と言えるでしょう。

奪三振率の高い投手は希少価値が高く、勝敗や防御率では測りきれない投手の価値をはかる一つの目安となります。2014年の大物ルーキー・松井裕樹（楽天）は4勝8敗、防御率3・80とずばぬけた活躍は見せられませんでしたが、奪三振率で9・78と素晴らしい数字を残しました。今後も三振の取れるピッチャーとして活躍を続ける可能性が高く、高い将来性を自ら証明した格好となりました。

与四球率（BB/9）

非常に高く評価される「ストライクをとる力」

与四球率 ＝ 与四球 ×９÷ 投球回

2014年度ベスト3		
セ・リーグ		
1	前田健太（広島）	1.97
2	菅野智之（巨人）	2.04
3	内海哲也（巨人）	2.24
パ・リーグ		
1	則本昂大（楽天）	1.73
2	金子千尋（オリックス）	1.98
3	岸　孝之（西武）	2.01

＊規定投球回以上の投手を対象

与四球率とは、投手の「ストライクを取る力」を表す指標です。

９イニングあたりの与四球を表し、数値が低いほど四球を与える頻度が低いということを表します。四球が少ないということは〝打者が出塁する確率〟を下げることにつながり、アウトの価値を重視するセイバーメトリクスの考え方では非常に高く評価されるポイントです。

この「〝打者が出塁する確率〟を下げること」とは、どういうことでしょうか。野球のルールにおいて、打者が出塁するための方法はいくつもあります。ヒットによる出塁や四死球による出塁、またエラーによる出塁に加えて「野手選択」や「打撃妨害」といった方法もあります。

こうしたいくつもの出塁方法の中で投手の力だけで防ぐことのできる可能性があるのが四球による出塁です。四球を出さないために必要な能力とは、「ストライクを取る力」です。ここでいう「ストライクを取る力」とは、〝ピンポイントのコントロール〟と必ずしも同じ意味を表しているわけではありません。例えばボールゾーンへの投球でも、打者がバットを振ればストライクとしてカウントされます。また、やみくもにストライクゾーンへボールを集めても、ボールに力がなければ打者に狙われて単打、長打にされてしまうリスクもあります。

つまり、「正確にストライクゾーンに投げ込むコントロール」だけが与四球率の低さに直結するわけではありません。ど真ん中のコースでも空振りやファウルが取れる力のあるボールや、ボール球でもついついバットが出てしまうようなキレのあるボールを投げることが大切なのです。

　さて、実際に「ストライクを取る力」でどれだけ四球を減らすことができるのでしょうか。プロ野球の歴史上、50イニング以上投げた選手のうち無四球で終えた選手は残念ながらいません。限りなくその究極に近づいたのが、２００２年の豊田清（西武）でした。前年から本格的に救援に配置転換された豊田はこの年、57回１／３イニングを投げて与えた四球はわずか三つ（与四球率０・４７）。抜群の安定感で初めてセーブ王のタイトルを獲得し、チームのリーグ優勝に貢献しました。豊田は１５０キロ近い快速球と落差のあるフォークを強力な武器とし、ストライクゾーンでもボールゾーンでも球の力でストライクを取れる力の持ち主でした。

　近年では、アメリカでプレーする岩隈久志（シアトル・マリナーズ）も四球を出さないことにかけて超一流です。２０１４年には球団史上2位の長さとなる35回２／３という連続無四球イニングを達成しました。このシーズンは結局１７９回を投げて与四球21に抑え、与四球率１・０６という素晴らしい数字を残しています。岩隈は楽天時代の２０１１年にも与四球率１・４４と優秀な成績を収めていますが、強打者がズラリと並ぶメジャーリーグでも「ストライクを取る力」は衰えることを知らず、より一層磨きがかかっています。

ミニコラム
史上最も「ストライクを取れなかった投手」は？

与四球率を「ストライクを取る力」とした場合、最もストライクの取れなかった投手は誰になるでしょうか。歴史を繙《ひもと》いてみると、意外と近く（？）にその投手はいました。

2000年から06年まで日本ハムに所属したサウスポー、佐々木貴賀《きよし》です。

150キロに迫る速球を繰り出す大型左腕として期待を受けていた佐々木でしたが、ネックとなったのがとにかく定まらないコントロール。プロ2年目の2001年には与四球率8・61という数字を記録し、これは1950年以降、50投球回以上の投手の中でワーストとなってしまいました。ほぼ1イニングに一つ四球を与えてしまう計算で、いかにスピードが魅力といえどもこれには首脳陣も大いに頭を悩ませました。翌2002年は与四球率を6・00まで改善しましたが、今度は12暴投を記録するなど、その暴れ馬ぶりは相変わらずでした。

その豪快なピッチングスタイルの一方でプライベートではファンシーなイラストを描くことを趣味とするなど、いろいろな意味で個性の強いピッチャーでした。

被本塁打率（HR/9）

ホームランは
投手にとって最悪の結果

被本塁打率 ＝ 被本塁打 × 9 ÷ 投球回

2014年度ベスト3		
セ・リーグ		
1	藤浪晋太郎（阪神）	0.33
2	久保康友（DeNA）	0.40
3	前田健太（広島）	0.58
パ・リーグ		
1	金子千尋（オリックス）	0.329
2	メンドーサ（日本ハム）	0.333
3	大谷翔平（日本ハム）	0.41

＊規定投球回以上の投手を対象

被本塁打率とは、投手の「大量失点のリスク」を表す指標です。

この指標が示しているのは、9イニングあたりの被本塁打の数です。投手にとってホームランは考えられる打席結果の中で最も悪い結果であり、打たれる頻度が高いほどチームの勝利から遠ざかります。ただ、被本塁打の多さは投手自身の問題だけではありません。例えば狭く、フェンスも低い球場では、他の球場ではアウトになる可能性のあった打球がスタンドインしてしまうケースもあります。こうした球場を本拠地としている投手の中には、被本塁打率が高めに出てしまうこともしばしばあります。横並びでのシンプルな比較ができないため、少し注意の必要な数字と言えます。

環境が及ぼす影響の強い被本塁打ですが、投手自身の努力で打たれる確率を下げることもできます。被本塁打を減らすためには、ホームランになりやすい打球を減らすことが一番です（当たり前ですが）。ホームランを構成する要素は結局のところ二つの点に集約できます。それは「強い当たり」「フライかライナー性の当たり」です。特殊な例であるランニングホームランを除けば、すべてのホームランがこの二つの条件を満たしています。つまり、このどちらかの条件を「外す」だけで被本塁打を減らすことができるのです。

投手の努力で打球の強弱をコントロールするのは難しいですが、フライやライナーを打たれないピッチングは存在します。意図的にゴロを打たせるということです。この、ゴロを打たせて被本塁打率を下げた良い例が、2012年のウルフ（日本ハム）です。日本ハムの本拠地・札幌ドームはもともと本塁打の出にくい球場ですが、ウルフはツーシームやカットボールといった〝動く〟スピードボールでゴロを打たせ、その効果を十分に生かしました。反発係数の低い〝飛ばない〟統一球だったことも味方し、このシーズンのウルフは149回を投げて被本塁打はわずか2本でした。これは2000年以降、100回以上投げた投手の中で最も低い数字です。

一方、同じ条件で最も本塁打を打たれてしまったのが、2001年の門倉健（近鉄）でした。このシーズンは同僚のローズが日本記録（当時）に並ぶ55本塁打を記録するなど、ボールの反発係数の高い、いわゆる「飛ぶボール」が使われたと言われています。門倉自身は速球を〝動かす〟というよりも直球で真っ向勝負するタイプだったため、被本塁打は27を数えて被本塁打率1・97を記録しました。打者有利の環境と、ピッチングのタイプの相性がとことん悪かった不幸な結果と言えるかもしれません。

ミニコラム 本塁打の出やすい球種やカウントは？

本塁打が打たれやすいボールとはどんな球種なのでしょうか。2004年から2014年までのデータをもとに本塁打を打数で割った数で計算してみると、最も高い頻度で本塁打となったのがストレートでした（.0287）。ストレートは比較的打球が上がりやすい傾向にあり、投げられる割合も高いため狙われやすいといった点が、本塁打になりやすい原因と考えられます。次いで頻度の高かった球種がカットボール（.0281）、スライダー（.0253）といった曲がるボールでした。やはりフライになりやすい球種で、ストレートとスライダーで勝負するタイプのピッチャーは一発のリスクを秘めている、とみなすことができます。

逆に最も本塁打となりにくいのがフォーク（.0162）でした。追い込んでから投げる割合が高く、柵越えするのはなかなか難しい球種となっています。

最も危険なカウントとなっているのが3ボール0ストライク（.103）。投手はストライクを取りに行かざるを得ず、やむなく〝置きに〟いったボールを仕留められているようです。3ボール1ストライク（.056）や2ボール0ストライク（.051）といったボール先行カウントは総じてリスクが高く、ストライクを先行させるピッチングの重要性がよく分かります。

ＢＡＢＩＰとは、投手の「運と（わずかな）才能」を表す指標です。

BABIP

Batting Average on Balls In Play

**フィールド内の打球が
ヒットになるかアウトになるかは
運次第!?**

BABIP ＝ （被安打 － 被本塁打）÷
（打数 － 奪三振 － 被本塁打
＋ 被犠飛）

2014年度 値の低い投手		
セ・リーグ		
1	岩田　稔（阪神）	.267
2	モスコーソ（DeNA）	.269
3	山井大介（中日）	.279
パ・リーグ		
1	岸　孝之（西武）	.251
2	スタンリッジ（ソフトバンク）	.286
3	牧田和久（西武）	.290

＊規定投球回以上の投手を対象

――本塁打を除く、すべての打球がヒットになるか否かに関して、投手に責任はない。

この一節を目にして、長く野球を見てきた方ほど「何をそのような世迷言《よまいごと》を」と思われることでしょう。「バッターが詰まってしまうのはボールの力があってこそだし、変化球でタイミングを外して打ち取る投球術もあるじゃないか」と。

私たちは、投手の技術や能力の高さと、打者のそれがぶつかりあうのが野球であり、それが野球の妙味だと教わってきました。投手の背中を守る守備陣のバックアップも含めて、人と人とのぶつかりあいこそが野球である、と。

ところが、あるひとりの野球分析家の発表が長くわれわれの心に根差したこうした「理解」を否定しました。アメリカのセイバーメトリシャンだったボロス・マクラッケンの発表した考察の要旨を簡潔に示す、冒頭の一節です。もちろんのこと、この考察は野球の真理を突き詰めようとする研究者の間で議論を巻き起こしました。

結論から言えば、マクラッケンの主張はセイバーメトリシャンの間で広く受け入れられました。というよりも、現在ではセイバーメトリクスの体系を構築する上で、なくてはならない重要な考え方であるとされています。多くの識者がこの「暴論」に反論しようと頭をひねりましたが、最後まで有効な反証を組み立てることができませんでした。マクラッケンはその後、ボストン・レッドソックスのフロントに招聘《しょうへい》され、顧問として籍を置くことになります。このマクラッケンの主張を理解するために、本塁打以外の打球がヒットになる条件を整理してみましょう。

①守備

打球がヒットとなるためには、必ず守備陣の網をかいくぐる必要があります。あなたが三塁の守備についている姿を想像してください。三塁線に寄るか、それともショート寄りに守って三遊間をカバーするか。ひと時の逡巡の後、ポジションを定めてバッターに目をやったその時、サードベースに向けて痛烈なライナーが飛んできます！

前者のポジションを取っていた勘の良いあなたは、打球を難なくグラブに収めます。一方の後者は、バッターの左に引っ張りたがる傾向を知っていたのかもしれませんね。さてあわれ打球は一瞬のうちに三塁線を破り、長打コースまっしぐらです。いや、あなたは超人的な身のこなしで打球に飛びつき、チームメートの拍手喝采を浴びている可能性もあるかもしれません。

いずれのケースであっても、打球がアウトになるかヒットになるか、守備陣のポジショニングや精度次第でどちらにも転ぶ可能性のある事実に納得できるはずです。

②運

ポテンヒット。あるいは、ボテボテの内野安打。投手は打者のバットをへし折り、あるいはタイミングを外していても、こうした不幸な当たりは起こりえます。それも、少なくない頻度で。こうした当たりを回避してアウトを稼ぐためには、打者を三振に仕留める以外に手段はありません。先に例に出した三塁線寄りの三塁手のように、真芯でとらえられた当たりが野手の正面を突くケースもあります。この場合は幸運なケースに当てはまります。

③打者

限られた存在ですが、「安打になりやすい打球」を人よりも多く打てる天才的な打者は存在します。芯でボールを捉えるバットコントロールを持った選手、打球速度がずばぬけて速い打者などです。これらの打者も運・不運の影響から完全に逃れることはできませんが、平均的な打者よりも少しだけ安打寄りの可能性をつかむことができると分かっています。また、俊足で内野安打を稼げるタイプの選手も安打の可能性を若干高められるとされています。

このように本塁打以外の打球がヒットになる条件を分解してみると、確かに投手が打球の結果に関与できる要素は少ないことが理解できます。最後にＢＡＢＩＰの構成式を見ていきましょう。

BABIP＝（安打－本塁打）÷（打数－三振－本塁打＋犠飛）

分子が本塁打を除く安打の数、分母が三振と本塁打を除いた打数と犠飛、つまりインプレーの打球の数となります。犠打を分母に加えないのは、基本的にベンチの作戦に従った結果であって、打者個人の意図による打球ではないというのがその理由です。投手や打者に限らず、個々のＢＡＢＩＰは長期的に見ていくと3割前後に収束する、とされています。野球の摂理として、打球がヒットになる確率はおおむねこのぐらいの数字に収まるということです。

打球のヒットになる可能性がすべて不可抗力によるもの、というわけでは決してありません。しかしそのかなりの部分を投手自身の力が及ばない範囲で占められていることも、数字の上から証明されている動かし難い事実なのです。繰り返しになりますが、セイバーメトリクスを理解する上で、これはとても重要な考え方となっています。

ゴロ割合

長打を打たれにくい
グラウンドボールピッチャー

ゴロ割合 ＝ ゴロの打球 ÷ 全打球

2014年度ベスト3		
セ・リーグ		
1	菅野智之（巨人）	56.5%
2	岩田　稔（阪神）	55.3%
3	内海哲也（巨人）	53.9%
パ・リーグ		
1	ディクソン（オリックス）	61.6%
2	メンドーサ（日本ハム）	57.6%
3	大谷翔平（日本ハム）	52.4%

＊規定投球回以上の投手を対象

ゴロ割合とは、「投手のリスクの大きさ」を表す指標です。

野球のプレーの中で生まれる打球は、大きく分けてゴロ、フライ、ライナーの三つのカテゴリーに分けられます。ゴロはグラウンド内、それも主に内野でバウンドする打球。ライナーは内野手がジャンプして捕球できるかできないかぐらいの高さまでのラインドライブの打球。フライは内外野を問わず、上空に打ち上げた打球を主に指しています。すべての打球はこの三つのカテゴリーに分類され、記録されます。

この三つの打球分類のうち、投手にとって最もリスクの低い打球がゴロです。というのも、ゴロの打球が本塁打となることはほとんどないからです。少年野球や草野球の世界では珍しくないランニングホームランも、プロの世界では年に数回見られる程度です。しかもその数少ないランニングホームランでさえ、フライやライナーの打球であることがほとんどです。また、ゴロの打球が二塁打や三塁打となるのは、一塁線や三塁線を破られたケースが大半を占めます。二塁手、遊撃手の守備範囲内で長打になる可能性はゼロではないにしても、その可能性はかなり低いのです。

ゴロやフライにかかわらず、打球がヒットになるかアウトになるかは運・不運に左右される側面があります。投手は打球の行方や強弱を完璧にコントロールすることはできませんし、バックを守る守備陣を瞬時に願い通りの位置に動かすこともできません。その一方で、リスクの少ないゴロの打球を意図的に打たせることのできる投手は存在します。シュートやツーシーム、フォークなどのゴロになりやすい球種を操る投手や、低めへのコントロールを徹底できる投手などがゴロ割合の高い傾向にあります。投手は打席結果のすべてに責任を負うことはできませんが、ゴロを打たせることで少なくともリスクを減らすことができるのです。ゴロ割合の平均は46～48％程度ですが、ゴロを多く打たせる投手はその割合が60％台に達することもあります。

近年では、意図的にゴロ割合の高い投手を集めるチームもあります。代表的なチームが日本ハムで、チーム全体のゴロ割合はリーグの中でいつも上位に位置しています。また内野守備の整備にも力を入れていて、「ゴロを打たせる」→「守備力の高い内野手が処理する」というサイクルで効率よくアウトを重ねています。広い札幌ドームはただでさえホームランの出にくい環境ですが、こうしたチームぐるみでの戦略を敷くことで、さらに堅固な〝ホームアドバンテージ〟を実現しています。データを重視する球団運営を行っている、日本ハムらしいしたたかな施策といえるのではないでしょうか。

セ・リーグでは広島がゴロ割合の高い投手を多く抱えていて、２０１５年にアメリカから帰ってきた黒田博樹もこのタイプにあたります。セカンドには球界ナンバーワンの守備と名高い菊池涼介がいますから、黒田がゴロを打たせて菊池が軽快にさばく、というシーンが数多く見られることになるはずです。以前は典型的なフライボールピッチャーだった前田健太も、ゴロとなりやすいツーシームをマスターすることで、今ではすっかりゴロを打たせるグラウンドボールピッチャーに変身しています。

かつて、ゴロ割合の高い投手や守備力の高い内野手は派手さこそないものの、比較的年俸が高額ではないというメリットがありました。資金力に限界のあるチームにとっては、実にありがたい戦略というわけです。最近ではゴロを打たせることのできる投手の評価が高まっていて、以前ほどこうした投手を安価に確保するのは難しくなりそうです。

ミニコラム
スタイルに固執しなかったベネズエラ人投手

ツーシームなどの速くて動くボールが主流のアメリカでは、早くからゴロを打たせるピッチャーが評価されてきました。〝汚い〟動きをするボールほど評価される風潮があり、これは統計的な分析の産物というよりも、アメリカン・ベースボールの文化的風土に基づくものがあるのかもしれません。

そんなアメリカでも、フォーシーム、いわゆる〝綺麗な真っ直ぐ〟を武器とする投手は存在しています。２０１４年にＤｅＮＡに入団したベネズエラ出身のモスコーソもこのタイプに当てはまり、アメリカではフライボールピッチャーとしてプレーしていました。

本塁打の出やすい横浜スタジアムを本拠地とするチームにやってきたモスコーソに、一部から活躍（というよりも適性）に疑問の声もありました。実際、春先のモスコーソはフライボールとホームランをよく打たれました。当然のように防御率は振るわず、６月の頭には二軍へ降格。このまま目立った活躍もなく、多くの助っ人選手のように日本を後にするか――と思われました。

モスコーソはしかし、環境に適応しました。降格の直前から試していたツーシームを二軍で磨き、少しずつゴロを打たせるピッチングを身に付けたのです。６月の終わりに一軍へ昇格したモスコーソは新しいスタイルを武器にローテーションの軸として安定した投球を続けました。

シーズンの前半と後半でこれだけスタイルを変えてしまうのは珍しいケースで、それが助っ人選手であれば尚更です。かつてメジャーリーガーとしてのキャリアをつくったスタイルに固執せず、柔軟に新しいスタイルを取り入れたベネズエラ人投手。それによって先発投手としての成果を残し、球団と2年契約を結んだのでした。

FIP

Fielding Independent Pitching

守備の影響を除き、投手の能力を純粋に評価する

FIP＝
｛被本塁打×13＋（与四球＋与死球－敬遠）×3－奪三振×2｝÷投球回＋リーグごとの補正値

2014年度ベスト3		
セ・リーグ		
1	藤浪晋太郎（阪神）	2.81
2	前田健太（広島）	2.85
3	メッセンジャー（阪神）	2.87
パ・リーグ		
1	金子千尋（オリックス）	2.05
2	大谷翔平（日本ハム）	2.41
3	則本昂大（楽天）	2.45

＊規定投球回以上の投手を対象

ＦＩＰとは、投手の「真の防御率」を表す指標です。

「優れたピッチャー」かどうかを判断するためには、どんな数字を見れば良いのでしょうか。

2ケタ勝利を挙げている投手でしょうか。それとも、防御率が2点台の投手でしょうか。「最多勝利」や「最優秀防御率」というタイトルが制定されているため、投手の良しあしをこれらの成績で測るのが妥当であるように思えますが、セイバーメトリクスでは従来とは異なる数字を用いて選手の能力を測ることが一般的となっています。

セイバーメトリクスにおいて、投手の能力を測るベーシックな指標がＦＩＰです。Fielding Independent Pitching の頭文字を取った略称で、直訳すると「守備から独立した投球内容」となるでしょうか。

この指標のキモは、投手の評価軸から大胆に「打球」の概念を捨ててしまったことにあります。単打、二塁打、三塁打、ゴロアウト、フライアウト、その他一切合財のインプレー打球。唯一の例外として本塁打だけ評価に組み入れていますが、これは本塁打が「野手が関与することのできない」打球であるためです。その他のＦＩＰを構成する要素としては、与四死球（敬遠除く）、奪三振などが挙げられます。いずれも「野手の関与」が及ばない成績項目です。

ＢＡＢＩＰの項でも言及した通り、本塁打を除くインプレー打球に対し、投手の負える責任はごくわずかです。このＦＩＰでは投手の責任範囲を「奪三振」「与四死球（敬遠除く）」

「被本塁打」の三つに限定することで、よりピュアな投手の能力を評価しましょう、という発想のもとに成り立っています。

この投手の成績を守備の影響から独立させよう、という考え方は前出のボロス・マクラッケンが提唱したＤＩＰＳ（Defense Independent Pitching Statistics）という概念に端を発しています。ＦＩＰはこのＤＩＰＳのコンセプトに基づく指標の一つで、ＦＩＰ以外にもさまざまな指標が存在します。ＦＩＰはこうした指標の中でも比較的スタンダードなものとして知られていて、セイバーメトリクスを学ぶ上で避けては通れない「必修項目」となっています。

ＦＩＰ＝｛被本塁打×13＋（与四球＋与死球－敬遠）×3－奪三振×2｝÷投球回＋リーグごとの補正値

補正値＝リーグ全体の防御率－｛被本塁打×13＋（与四球＋与死球－敬遠）×3－奪三振×2｝÷投球回

以上がＦＩＰの構成式となります。ＦＩＰは「守備の影響を除いた防御率」を計算するための指標です。被本塁打、与四死球、奪三振がそれぞれ得点（失点）にどれだけ影響を与えているかを掛け合わせ、投球イニングで割り、最後にリーグごとの補正値を加えることで算出しています。

式の中にある13などの数字（係数）が気になる方もいると思います。これらは被本塁打や奪三振など、それぞれの結果が「どの程度失点を増減させるか」を示していて、打撃指標のｗＲＡＡでも使用されていた各プレーの「得点価値」が基になった数字です。ＦＩＰの場合は、防御率が「９イニングあたりの自責点」を示すのと意味が同じになるように、得点価値に９を掛けることでその形をなしています。

式の最後にある「リーグごとの補正値」は、ＦＩＰと防御率を比較しやすくするために設けられた、シーズン、リーグごとの定数です。これにより、ＦＩＰより防御率が優秀な投手は過大評価、防御率よりＦＩＰが優秀な投手は過小評価といった見方が可能になります。

２０１４年の両リーグの規定投球回到達者の中で、最も低いＦＩＰを記録したのは金子千尋（オリックス）でした。三振の多さ、与四死球の少なさ、被本塁打の少なさの3項目すべてで優秀な成績を残していて、セイバーメトリクス的評価の上でも沢村賞の栄誉にふさわしい投手といえます。

防御率や勝敗の上では目立たなくても、ＦＩＰで真価を見いだせる選手もいます。例えば２０１４年に日本ハムに入団したメンドーサは、１年間先発ローテーションを守って７勝13敗、防御率３・８９。高年俸の元メジャーリーガーの成績として批判の声が上がっても不思議ではない数字でしたが、ＦＩＰの上では２・９６（リーグ４位）と優秀でした。

これはめぐりあわせで打線の援護を受けられなかったり、たまたま安打となる打球が多かった影響で従来の〝見た目〟の成績が悪く見えていたようです。一方で奪三振率、与四球率は低い水準ではなく、１年間投げて被本塁打を６本に抑えるなど、ＦＩＰで評価される項目では満足できる数字でした。日本ハムフロントもそのことを理解してか、翌年もメンドーサに開幕４戦目の先発を任せるなど、ローテーション投手として変わらぬ信頼を寄せている様子がうかがえます。

ＤＩＰＳの概念を体現するスタンダードな評価指標としてセイバーメトリクスの世界で市民権を得ているＦＩＰですが、すでに発展形ともいえる次世代、次々世代の指標も開発されています。コンセプトそのものに変化はないため、まずはこのＦＩＰを理解することが投手評価の基本を押さえる上でのポイントとなります。

DER

Defensive Efficiency Rating

「チームの守備力」を測る

DER＝（打者 − 被安打 − 与四球 − 与死球 − 奪三振 − 失策）÷（打者 − 被本塁打 − 与四球 − 与死球 − 奪三振）

2014年度ベスト3		
セ・リーグ		
1	中　日	.696
2	巨　人	.688
3	広　島	.680
パ・リーグ		
1	ソフトバンク	.703
2	オリックス	.699
3	日本ハム	.691

ＤＥＲは「チームの守備力」を表す指標です。グラウンド内に飛んだ打球のうち、どの程度をアウトにしているかを表しています。

ボテボテのゴロから外野フェンスギリギリへのフライまで、グラウンド内にはさまざまな打球が飛びます。約1万㎡の広大なフェアゾーンを捕手を除いた8人で守っていますから、すべての打球をアウトにすることは不可能でしょう。それでも、ポジショニングや野手の守備能力次第でより多くの打球をアウトにすることはできるはずです。

このような考え方を基にしたDERは次のような式で表すことができます。

DER＝（打者－被安打－与四球－与死球－奪三振－失策）÷（打者－被本塁打－与四球－与死球－奪三振）

分子は奪三振を除いたおおよそのアウト数を表しています。分母はグラウンド内に飛んだすべての打球を表しています。もちろん、強い打球を打たれることの多いチームとそうでないチームによって守備への負担は変わりますが、ここではその影響は考慮していません。

守備の分析は一筋縄ではいかず、細かなデータを複雑な計算式にかけて行うものが多いのですが、DERは公式記録から割と簡単に求められる点が優れています。

図DER－1は2013年と14年のセ・リーグのDERです。年度にもよるのですが、プロ野球であればおよそ・700前後の数値になります。ここでは阪神に注目してみましょう。阪神のDERは2013年はリーグトップの・706をマークしていました。阪神のDERがリーグトップとなるのは1992年以来21年ぶりのことだったのですが、2014年は一転、・672で5位となってしまいました。2015年は数値がさらに悪化しており、交流戦終了時点では・658とリーグ最下位になっています。

2013年に比べて、阪神のどのポジションの守備力が変化したのかは、次に紹介するUZRを使わないと分かりませんが、DERから「どこか守備力がおかしいぞ」と気づくことはできます。

図DER－2は過去10年のパ・リーグにおけるDERトップのチームを並べたものです。2005年はロッテがトップとなっていますが、2006～10年は5年連続で日本ハムがトップを維持していました。高い守備力を保っていた一方、基礎的な投手力を測る奪三振率（K／9）は2006年＝5位、2007年＝5位、2008年＝6位、2009年＝6位、2010年＝5位とリーグでも下位のレベルでした。日本ハムはこの5年間で3度リーグ優

図DER－1　年度別：セ・リーグDERランキング

2013年		2014年	
チーム	DER	チーム	DER
阪　神	.706	中　日	.696
巨　人	.704	巨　人	.688
広　島	.697	広　島	.680
中　日	.688	DeNA	.674
DeNA	.683	阪　神	.672
ヤクルト	.675	ヤクルト	.671

図DER－2　年度別：パ・リーグDER 1 位チーム一覧

年度	DER 1 位チーム	DER
2005	ロッテ	.712
2006	日本ハム	.701
2007	日本ハム	.721
2008	日本ハム	.714
2009	日本ハム	.702
2010	日本ハム	.688
2011	ソフトバンク	.731
2012	ソフトバンク	.715
2013	ソフトバンク	.696
2014	ソフトバンク	.703

勝を果たしたのですが、三振を多く奪える投手が少なくても、堅実な守備力で失点を防ぎ、リーグ優勝につなげていたことが分かります。

日本ハムから２０１１年にトップの座を奪い、２０１４年まで４年連続でそのポジションを維持しているのがソフトバンクです。ソフトバンクは元々投手陣の能力が高く、奪三振率は2005年から12年まで8年連続リーグトップで、2013、14年もリーグ2位の成績を残しています。近年はその投手陣に加えて高い守備力を誇っており、ここ5年で3度のリーグ優勝、2度の日本一の原動力となっています。

UZR

Ultimate Zone Rating

「守備で失点をどれだけ防いだか」を測る

UZR＝「守備範囲」＋「失策阻止」＋「併殺奪取」＋「肩力」

2014年度　遊撃手のベスト3

セ・リーグ		
1	堂上直倫（中日）	9.1
2	坂本勇人（巨人）	7.0
3	森岡良介（ヤクルト）	4.8
パ・リーグ		
1	安達了一（オリックス）	21.2
2	今宮健太（ソフトバンク）	12.9
3	大引啓次（日本ハム）	5.1

＊遊撃手として200イニング以上守った選手を対象

守備力を表す指標として最近よく用いられているのがＵＺＲです。これは「同じポジションの平均的な選手に比べて何点分の失点を防いだか」を表すものになります。元々はアメリカのセイバーメトリシャン、ミッチェル・リクトマンがメジャーリーグのデータを基に開発した指標です。

図UZR－1　2014年：セ・リーグ二塁手UZR詳細（チーム別）

チーム	守備範囲	失策	併殺	UZR
広　島	10.7	1.3	−1.2	10.9
巨　人	6.1	1.8	1.7	9.7
ヤクルト	−1.3	0.2	2.0	0.9
中　日	−6.5	1.2	4.9	−0.4
DeNA	−2.7	−0.9	−5.9	−9.6
阪　神	−6.3	−3.7	−1.5	−11.5

データスタジアムで算出している日本プロ野球のUZRでは、内野手は「守備範囲」「失策阻止（失策出塁&それ以外の失策）」「併殺奪取」の3項目、外野手は「守備範囲」「失策阻止」「肩力」の3項目で評価しています。捕手、投手の守備力の算出は別の方法で行うため、ここでは計算していません。

UZRの大きな特徴は二つありますが、そのうちの一つは「守備範囲」を評価している点です。失策や刺殺、補殺の公式記録だけで守備の評価を行う場合、どうしても「野手が届かなかった打球」の評価ができません。例えば三遊間をゴロで抜けた打球は「左安（レフトへのヒット）」という打撃結果になってしまいますが、サードやショートが打球に追いついていれば「三ゴ（サードゴロ）」や「遊ゴ

（ショートゴロ）」だったかもしれません。誰が守っていてもグラブが届かないであろう打球もありますが、本来は届くはずだった打球に届かない場合は守備範囲でマイナスの評価をしなければなりません。逆に、本来はヒットになるであろう打球を多くアウトにしている野手は守備範囲の広さを評価されるべきでしょう。

もう一つの特徴は得点で表している点です。守備力を得点化することで、84ページで紹介している攻撃力の指標ｗＲＡＡと同じ土俵で比較できます。つまり「遊撃手の〇〇選手は攻撃でマイナス〇〇点だけど、守備でプラス〇〇点だからトータルすると平均よりプラスだね」といった総合的な野手の評価ができるのです。

具体的にデータを見てみましょう。図ＵＺＲ－１は２０１４年のセ・リーグ二塁手のＵＺＲをチームごとに表したものです。

守備範囲の数値に注目してみると、広島が大きく秀でていることが分かります。内野手は打球の強さ別に分けたゴロの処理を基準に評価しますので、守備範囲の数値が高いということは広島の二

UZR	UZR/1000
11.2	11.5
11.0	8.7
0.7	0.8
0.6	0.4
−1.0	−4.1
−3.3	−3.6
−3.7	−13.0
−10.1	−8.9

図UZR－2　2014年：セ・リーグ二塁手UZR詳細（個人別）

選手名	チーム	守備イニング	守備範囲	失策	併殺
片岡治大	巨　人	979 2/3	7.0	2.2	2.0
菊池涼介	広　島	1270 2/3	11.0	1.3	−1.3
荒木雅博	中　日	910 2/3	−5.3	1.7	4.3
山田哲人	ヤクルト	1271	−1.6	0.1	2.0
井端弘和	巨　人	238 1/3	−0.7	0.6	−0.9
石川雄洋	ＤｅＮＡ	906 1/3	0.4	0.1	−3.7
グリエル	ＤｅＮＡ	289	−3.2	0.1	−0.7
上本博紀	阪　神	1132 1/3	−4.5	−3.0	−2.6

＊二塁手として200イニング以上守った選手を対象

塁手がセ・リーグの他の二塁手に比べてゴロ打球のヒットを防いでいた（もしくは、確実にアウトを取っていた）ことを意味しています。２０１４年の広島の二塁手は主に菊池涼介が守っていましたので、深いポジショニングとアクロバティックな守備という印象通りに広い守備範囲を誇っていたといえます。

セ・リーグの二塁手を個人別で見てみると、**図UZR－2**のようなデータになります。守備範囲だけでなく失策や併殺を総合的に見ると、巨人の片岡治大がわずかにトップ。２位に菊池涼介が入っています。また、個人別のUZRを見る際には守備イニングにも気をつけなければいけません。同じ守備能力でも守備イニングの大小によって数値が変わってしまうため、比べるときは１０００

イニングに換算するやり方もあります（図ＵＺＲ－２の「ＵＺＲ／１０００」が１０００イニング換算のＵＺＲです）。

次に２０１４年の遊撃手のデータも見てみましょう。図ＵＺＲ－３はセ・リーグ、図ＵＺＲ－４はパ・リーグのＵＺＲになります。セ・リーグのＵＺＲを見ると、なんとゴールデン・グラブ賞の阪神・鳥谷敬が低い数値になっており、詳細を見ると守備範囲の数値が低いと分かります。これは三遊間や二遊間などで他の遊撃手よりもヒットを防ぐ割合が低かったことを意味しています。一方、失策の数値はどの選手よりもプラスですので、「捕球や送球でのミスをしない」という点では安定感があったことが分かります。

守備のうまさを表現する場合「グラブさばきが柔らかい」というように、捕った後の捕球

UZR	UZR/1000
9.1	17.8
7.0	5.7
4.8	8.4
3.2	7.7
0.7	1.1
−0.1	−0.5
−0.7	−3.0
−2.2	−5.2
−4.2	−5.4
−4.5	−10.3
−5.3	−4.1
−7.4	−17.1

UZR	UZR/1000
21.2	16.9
12.9	9.9
5.1	4.9
−0.6	−3.0
−1.7	−6.4
−2.0	−7.3
−3.6	−5.8
−4.1	−11.0
−6.2	−7.2
−12.1	−13.4

図UZR－3 2014年：セ・リーグ遊撃手UZR詳細（個人別）

守備選手名	チーム	守備イニング	守備範囲	失策	併殺
堂上直倫	中日	510	3.4	2.1	3.5
坂本勇人	巨人	1231 2/3	7.5	1.7	－2.1
森岡良介	ヤクルト	572 1/3	3.4	－1.8	3.2
木村昇吾	広島	414 2/3	－1.5	1.3	3.3
エルナンデス	中日	594	1.9	－2.9	1.6
谷内亮太	ヤクルト	233	1.2	－1.3	－0.0
荒木貴裕	ヤクルト	224 2/3	0.4	－0.9	－0.2
梵　英心	広島	421 2/3	－2.1	1.6	－1.8
山崎憲晴	ＤｅＮＡ	778 2/3	－1.6	－1.0	－1.6
白崎浩之	ＤｅＮＡ	437 2/3	－1.8	－2.0	－0.7
鳥谷　敬	阪神	1282	－9.5	4.0	0.3
田中広輔	広島	433 1/3	－3.7	－0.4	－3.3

図UZR－4 2014年：パ・リーグ遊撃手UZR詳細（個人別）

守備選手名	チーム	守備イニング	守備範囲	失策	併殺
安達了一	オリックス	1250 1/3	20.6	2.0	－1.4
今宮健太	ソフトバンク	1294	15.1	－0.1	－2.1
大引啓次	日本ハム	1042 2/3	2.6	1.5	1.0
鬼﨑裕司	西武	202	－1.5	0.3	0.7
松井稼頭央	楽天	273	－2.1	－1.4	1.8
永江恭平	西武	275	－2.6	－0.1	0.6
渡辺直人	西武	629 2/3	－6.6	1.3	1.7
クルーズ	ロッテ	374 1/3	－4.3	－0.8	1.0
鈴木大地	ロッテ	870 2/3	－4.7	0.8	－2.3
西田哲朗	楽天	907 1/3	－11.3	－1.1	0.3

＊遊撃手として200イニング以上守った選手を対象

技術や送球技術を指す場合が多く見られるのですが、そもそも「打球に追いつく脚力」や「打球に反応するまでの時間」といった身体能力面は注目されることが少ないかと思います。確かに、身体能力で片付いてしまう話よりも技術的な話の方が選手個々の経験やこだわりがあり、ドラマ性は高いでしょう。また身体能力の話は「どうしようもない領域」として捉えられがちな一方、守備技術なら反復練習で改善できそうな点も影響しているかもしれません。

しかし、守備範囲のポイント算出時にそのような事情は考慮せず、守備力を「失点につながりやすいかどうか」だけで判断しますので、例えば「平均的には10本中6本アウトにできるゾーンのゴロを10本中4本しかアウトにできず『左安』を許した遊撃手」は、2個の失策出塁を許したのと同じように「ミスをした」と計算されます。これが、失策の少ない「名手」と呼ばれる選手が守備範囲のポイントでマイナスになるからくりです。

過去のUZRを見ると、例えば2012年のセ・リーグ三塁手ではその年に失策数がセ・リーグワーストだった広島・堂林翔太の方がヤクルト・宮本慎也よりも守備で好評価という事態も起きました。もちろん守備の名手として知られる宮本の方が失策によるマイナスは少ないのですが、それ以上に堂林の守備範囲の評価が高かったための現象です。

パ・リーグのデータを見てみましょう。こちらもゴールデン・グラブ賞を獲得したソフトバンク・今宮健太を抑えてオリックス・安達了一がトップ。確かに今宮も高い数値なのですが、守備範囲、失策、併殺とどの項目を見ても安達が上位にいますので、ＵＺＲで順位をつけるならば「安達、今宮」の順番になります。

ちなみにデータスタジアムで取得している、「ダイビングキャッチ」「スライディングキャッチ」「ジャンピングキャッチ」の数を見てみると、２０１４年はやや今宮優勢の結果ではありました。確かに、今宮が２０１４年６月８日に甲子園球場で見せた「ハーフライナーを２度つかんだ」ファインプレーは誰も見たことのない超人的なプレーですし、派手さでは今宮に分があったかもしれませんね。

外野手も見てみましょう。**図ＵＺＲ－５**は２０１４年セ・リーグ中堅手のＵＺＲを表しています。突出した数字を残しているのは中日・大島洋平。守備範囲の広さもさることながら、肩力のポイントが高く出ています。この肩力のポイントはアームレイティングという方法で算出しています。

アームレイティングでは外野手が走者を刺した回数（補殺数）だけでなく、走者を本塁に突入させなかった回数も評価しています。そのため、強肩といわれる選手だけでなく、ポジショニングや打球反応の早さも評価されることになります。イチロー（マイアミ・マーリンズ）のような「レーザービーム」で走者をアウトにする選手だけでなく、三塁コーチに本塁突入の指示をさせないこともしっかり評価されるのです。

大島は守備範囲の広さだけでなく、ここ数年はアームレイティングの高いことでも知られるようになってきました。中日は毎年センターだけでなくライトやレフトでも数値が良い傾向にありますので、ぜひ注目してみてほしいと思います。

最後に一つだけ、ＵＺＲを見る際の注意を記載しておきます。

この数値はあくまでもポジション内での比較なので、ポジションをまたいだ比較はできません。

例えば２０１４年のセ・リーグ左翼手ではＤｅＮＡの筒香嘉智《つつごうよしとも》が最も高く、プラス８・２でした。先ほど見たように遊撃手で鳥谷はマイナス５・３ですが、この二つの

UZR	UZR/1000
13.8	11.3
6.6	7.4
2.4	4.2
1.1	2.8
0.7	2.5
−0.7	−1.2
−1.1	−3.9
−1.3	−3.2
−2.2	−9.7
−3.2	−8.2
−3.8	−3.1

図UZR－5　2014年：セ・リーグ中堅手UZR詳細（個人別）

守備選手名	チーム	守備イニング	守備範囲	失策	肩力
大島洋平	中　日	1227	6.5	−0.6	7.9
大和	阪　神	894 1/3	2.8	1.2	2.6
橋本　到	巨　人	569 2/3	−0.8	0.8	2.4
雄平	ヤクルト	392	2.0	0.2	−1.1
梶谷隆幸	DeNA	267	0.2	−0.1	0.6
上田剛史	ヤクルト	563	2.9	−1.0	−2.5
桑原将志	DeNA	279 1/3	1.0	−1.2	−0.9
長野久義	巨　人	394	−1.4	0.3	−0.1
比屋根渉	ヤクルト	229	0.4	−1.5	−1.1
荒波　翔	DeNA	387	−0.4	−1.4	−1.4
丸　佳浩	広　島	1247 2/3	−6.8	1.5	1.5

＊中堅手として200イニング以上守った選手を対象

数字を比べて筒香の方が良いと評価することはできないということです。なぜなら、ＵＺＲはあくまでもポジション内での計算しかしていないためです。また、左翼手と遊撃手ではポジションの特徴が違いますので、仮に鳥谷がレフトを守ったらまた違うＵＺＲになるでしょう。筒香がショートを守る場合も同じことがいえます。「ＵＺＲはあくまでも同じポジションで比較する」、これだけは注意してください。

ミニコラム
ゾーンごとに強さを分析

UZRの守備範囲を算出するゾーンごとのデータを基にすると野手がどのゾーンに強かったかという分析もできます。図UZR－6は2010～14年の一塁手のデータを基にした一塁線に強い選手を表したものです。ヒットをどの程度阻止したのかを示す「ヒット阻止率」を調べたところ、ベテランのロッテ・福浦和也が88・5％をマークして見事トップ。次に広島・新井貴浩、楽天・銀次が続きました。同様に一二塁間でもヒット阻止率を調べたところ、現役選手では福浦が上位に食い込んでいました。

UZRで守備範囲を測るためのデータは、グラウンド図のどこに打球が飛んできて、どこで処理できていたかを記録したものです。最初から守っていた場所、つまり「ポジショニング」は考慮できていません。この影響もあり、一塁線に強い選手は一二塁間に強くなりにくいのが通常です。これはその他のポジションでも似たことがいえます。

にもかかわらず、福浦はどちらのゾーンでも高数値を残していました。近年、一塁手は固定されにくいポジションとなっており、さまざまなポジションを経たベテラン野手の終着点という一面も見せています。そのような傾向の中で、貴重な一塁専属のスペシャリスト。近年は守備につく機会も減っていますが、もし一塁を守っていたときにはぜひ注目してみてください。

※この内容の詳細はデータスタジアムの運営する「Baseball LAB」のコラム（一塁線に強い一塁手、一二塁間に強い一塁手とは？　～「球辞苑」での一塁手特集～）をご覧ください。
http://www.baseball-lab.jp/column/entry/159/

図UZR－6　2010～14年：一塁線に強い一塁手

一塁線のゴロ打球			
順位	選手名	現所属	ヒット阻止率
1	福浦和也	ロッテ	88.5 %
2	新井貴浩	広　島	87.9 %
3	銀次	楽　天	86.3 %
4	井口資仁	ロッテ	85.81%
5	ロペス	DeNA	85.76%

＊2015年４月時点で一塁を守っている選手を対象
＊走者が一塁にいない場合を対象
＊想定される打球が20球以上を対象

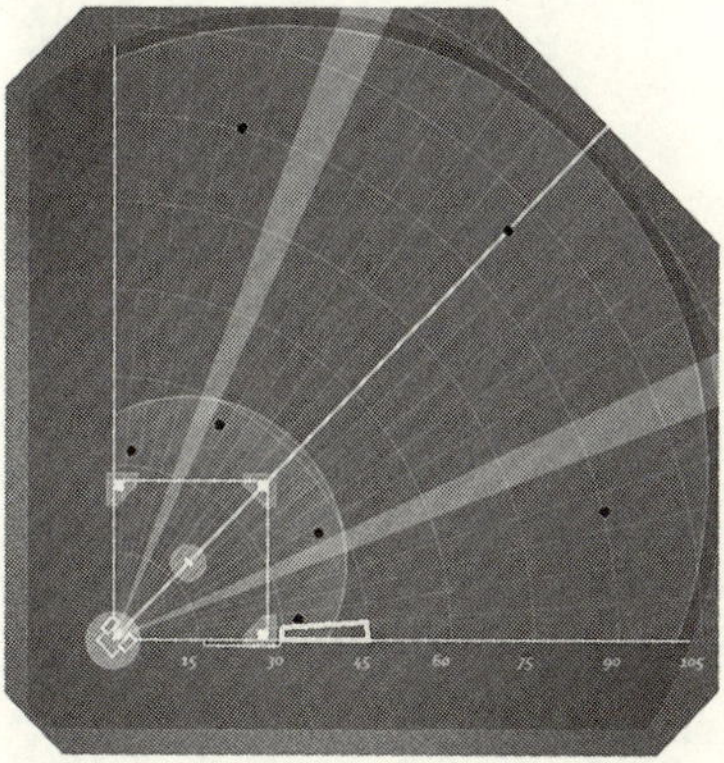

WAR

Wins Above Replacement

投手と野手を同じ土俵にのせ、真のMVPを考える

WAR＝ 攻撃指標、投手指標、守備指標をもとに算出

2014年度ベスト3		
セ・リーグ		
1	山田哲人（ヤクルト）	7.2
2	丸　佳浩（広島）	6.4
3	メッセンジャー（阪神）	5.7
パ・リーグ		
1	陽　岱鋼（日本ハム）	7.0
2	金子千尋（オリックス）	6.5
3	大谷翔平（日本ハム）	6.2

ここまでさまざまな指標を紹介してきました。最後に紹介する指標は「結局のところどの選手が最も貢献していたの？」という疑問に答えられる総合評価指標ＷＡＲ（Wins Above

Replacement）です。

ＷＡＲは「控えレベル（リプレイスメント・レベル）に比べて何勝分の貢献度があったか」を表しています。ＷＡＲもアメリカ発の指標で、メジャーリーグのデータを基にしてFanGraphs と Baseball-Reference がそれぞれ算出しています。このうち FanGraphs ではＷＡＲを「０～１＝補欠クラス」「１～２＝レギュラー級」「２～３＝固定レギュラー級」「３～４＝好選手」「４～５＝オールスター級」「５～６＝スーパースター級」「６以上＝ＭＶＰ級」と評しています。ＷＡＲの細かな算出方法はここでは触れませんが、主に攻撃指標で紹介したｗＲＡＡ、投手指標のＦＩＰ、守備指標のＵＺＲを基にしています。さっそく、２０１４年のデータを見てみましょう。

まずは図WAR－1のセ・リーグから見てみましょう（小数点第二位以下は四捨五入しているため、同じ数字でも順位に差があります。図WAR－2も同様）。２０１４年は１９３安打を放ったヤクルト・山田哲人がトップとなっていました。２位には広島の躍進を支えたセンターの丸佳浩、３位には阪神・メッセンジャーが入っています。一方、２０１４年のセ・リーグ最優秀選手（ＭＶＰ）に輝いた巨人・菅野《すがの》智之は３・９で14位となっていました。

ＷＡＲは総合的な貢献度を示す指標ですので「リーグでＷＡＲが最も高い選手＝ＭＶＰに

図WAR－1　2014年：セ・リーグWARトップ30

順位	選手名	主な守備位置	球団	WAR
1	山田哲人	二塁手	ヤクルト	7.2
2	丸　佳浩	中堅手	広　島	6.4
3	メッセンジャー	投　手	阪　神	5.7
4	ルナ	三塁手	中　日	5.4
5	前田健太	投　手	広　島	5.2
6	菊池涼介	二塁手	広　島	4.7
7	藤浪晋太郎	投　手	阪　神	4.6
8	雄平	右翼手	ヤクルト	4.5
9	鳥谷　敬	遊撃手	阪　神	4.4
10	坂本勇人	遊撃手	巨　人	4.2
11	大島洋平	中堅手	中　日	4.1
12	筒香嘉智	左翼手	ＤｅＮＡ	4.1
13	久保康友	投　手	ＤｅＮＡ	3.9
14	菅野智之	投　手	巨　人	3.8
15	梶谷隆幸	右翼手	ＤｅＮＡ	3.8
16	バレンティン	左翼手	ヤクルト	3.8
17	能見篤史	投　手	阪　神	3.6
18	又吉克樹	投　手	中　日	3.2
19	マートン	左翼手	阪　神	3.2
20	杉内俊哉	投　手	巨　人	3.1
21	川端慎吾	三塁手	ヤクルト	3.1
22	内海哲也	投　手	巨　人	3.1
23	大野雄大	投　手	中　日	3.0
24	岩田　稔	投　手	阪　神	3.0
25	エルドレッド	一塁手	広　島	2.7
26	呉　昇桓	投　手	阪　神	2.7
27	福谷浩司	投　手	中　日	2.6
28	山口　俊	投　手	ＤｅＮＡ	2.5
29	平田良介	右翼手	中　日	2.5
30	山井大介	投　手	中　日	2.5

＊主な守備位置は最も多く試合に出たポジション

推されてしかるべき選手」と考えることができます。ただ、ＭＶＰはチームの順位にも大きく影響を受ける賞です。２０１４年にリーグ優勝した巨人の選手を見ると、トップ10には10位に坂本が入っているだけ。決定的な働きを見せた選手はいませんでした。投手のトップは菅野でしたから、優勝チームの投手陣を支えたという視点で選ばれることも理解はできます。
２０１３年のＭＶＰには60本塁打を放ったバレンティンが最下位のヤクルトから選ばれましたが、２０１４年も同様に最下位のヤクルトから山田を選出するのは難しかったかもしれません。それでも山田は2位の得票数を得ていますから、仮にチームが好成績を残していれば文句なしのＭＶＰだったでしょう。

次にパ・リーグのランキングを見てみましょう（図ＷＡＲ－２）。１位は日本ハム・陽岱鋼《ようだいかん》、２位がＭＶＰを獲得したオリックス・金子千尋、３位が日本ハムの大谷となっています。ＷＡＲではどちらのリーグも野手がトップとなっていますが、メジャーリーグの例を見ても、ＷＡＲでトップになる選手は野手の方が多い傾向にあります。投手の成績は試合に与える影響度こそ大きいものの、野手に比べて出場機会が圧倒的に少ないという弱点があります。リーグトップクラスの投手と同じくトップクラスの野手を得点化して評価した場合、出場機会の多い野手の方が貢献度は高くなりやすいのです。２０１３年のパ・リーグＷＡＲでは西武・浅村栄斗が24勝0敗という歴史的な成績を残した楽天・田中将大《まさひろ》をわずかに上回るという現象も起きています。日本のＭＶＰ投票で投手に票が集まる傾向を見ると、野手はやや過小評価されているかもしれません。

図WAR－2　2014年：パ・リーグWARトップ30

順位	選手名	主な守備位置	球団	WAR
1	陽　岱鋼	中堅手	日本ハム	7.0
2	金子千尋	投　手	オリックス	6.5
3	大谷翔平	D　H	日本ハム	6.2
4	糸井嘉男	右翼手	オリックス	6.2
5	則本昂大	投　手	楽　天	6.0
6	安達了一	遊撃手	オリックス	5.4
7	柳田悠岐	中堅手	ソフトバンク	5.1
8	栗山　巧	左翼手	西　武	4.8
9	秋山翔吾	中堅手	西　武	4.8
10	メンドーサ	投　手	日本ハム	3.9
11	中村剛也	D　H	西　武	3.8
12	松田宣浩	三塁手	ソフトバンク	3.6
13	石川　歩	投　手	ロッテ	3.5
14	西　勇輝	投　手	オリックス	3.5
15	ディクソン	投　手	オリックス	3.4
16	メヒア	一塁手	西　武	3.2
17	岸　孝之	投　手	西　武	3.1
18	銀次	三塁手	楽　天	3.1
19	スタンリッジ	投　手	ソフトバンク	2.9
20	サファテ	投　手	ソフトバンク	2.9
21	涌井秀章	投　手	ロッテ	2.9
22	松井裕樹	投　手	楽　天	2.8
23	辛島　航	投　手	楽　天	2.8
24	本多雄一	二塁手	ソフトバンク	2.7
25	松井稼頭央	三塁手	楽　天	2.6
26	牧田和久	投　手	西　武	2.6
27	角中勝也	右翼手	ロッテ	2.6
28	浅村栄斗	二塁手	西　武	2.5
29	李　大浩	D　H	ソフトバンク	2.4
30	中村　晃	左翼手	ソフトバンク	2.4

*主な守備位置は最も多く試合に出たポジション

さて、**図WAR－3**はパ・リーグトップ10のWARを項目別に分解したものです。まず、高卒2年目ながらリーグ3位に入った大谷を見てみましょう。

データスタジアムで算出しているWARは「投球（先発・救援）」「打撃」「守備」「走塁」「控え選手の代替分」「守備補正」の6項目で算出しています。大谷は投手・野手両方をこなしている唯一のプレーヤーなので、救援を除いたすべての項目でポイントが付くことになります。まずFIPを基にした先発投手の投球評価で4・7勝（救援登板はしていないので0勝）、wRAAを基にした打撃で1・0勝、UZRを基にした守備で0・0勝、盗塁やベーススランニングを評価した走塁で0・2勝、それぞれの項目で控え選手よりも勝利を増やしたという計算になっています。

さらに、大谷が野手として出場することによって「能力の劣る控え野手を出さなかった分」の貢献度が0・7勝が加えられます。ただ、大谷は守備に負担のかからないDHでの出場が多かったので、守備補正は－0・5勝となります。これらを合計すると、「4・7＋1・0＋0・0＋0・2＋0・7－0・5＝6・2（小数点第2位の関係で6・1ではなく6・2になります）」となり、2014年は一般的な控え選手に比べて大谷だけで6勝程度の価値があったと計算されるのです。

大谷は2014年に投手として11勝を挙げており「6勝程度の価値は少ないんじゃないのか？」という声も聞こえてきそうですが、11勝はすべて大谷のみで成し遂げた勝利ではなく、野手の攻守にわたる援護を含めた数字です。そのため、ＷＡＲを投手の勝ち星と比較することは有益ではありません。

ＷＡＲは投手の勝利数とはまったく異なり、チームが控え選手のみで構成された場合に比べて各選手がどれだけ勝利を増やすのに貢献したのかを示していますから、大谷の６勝分は「大谷のみの力でチームを６勝分押し上げた」ということになります。陽、金子に次ぐリーグ３位の数値ですから、ＭＶＰを獲得してもおかしくないレベルの貢献度があったということになります。

ＷＡＲのような総合評価指標が重宝される最大の理由は、投手、野手両方の成績を同じ土俵で評価できるためです。一般的なデータから「ヤクルトの二塁手・山田と巨人の投手・菅野のどちらが優れた成績を残しているか」を評価することは難しいのですが、ＷＡＲはそれを可能にするのです。また、大谷のように投手・野手の両方を行う稀有な選手についても、投手出場時と野手出場時でそれぞれどれだけの貢献をしているのかを測ることができ

控え比較	守備補正	WAR
1.7	0.1	7.0
0.0	0.0	6.5
0.7	−0.5	6.2
1.8	−0.4	6.2
0.0	0.0	6.0
1.9	0.6	5.4
1.9	0.2	5.1
2.0	−0.7	4.8
1.7	0.2	4.8
0.0	0.0	3.9

図WAR－3　2014年：パ・リーグWARトップ10詳細

選手名	試合	主な守備位置	投手部分		野手部分		
			先発	救援	打撃	守備	走塁
陽　岱鋼	125	中堅手	0.0	0.0	3.4	1.3	0.5
金子千尋	26	投　手	6.5	0.0	0.0	0.0	0.0
大谷翔平	87	D　H	4.7	0.0	1.0	0.0	0.2
糸井嘉男	140	右翼手	0.0	0.0	4.5	0.4	−0.1
則本昂大	30	投　手	5.9	0.2	0.0	0.0	0.0
安達了一	143	遊撃手	0.0	0.0	0.1	2.1	0.7
柳田悠岐	144	中堅手	0.0	0.0	3.5	−1.2	0.8
栗山　巧	144	左翼手	0.0	0.0	1.6	1.5	0.4
秋山翔吾	131	中堅手	0.0	0.0	0.6	1.8	0.4
メンドーサ	26	投　手	3.9	0.0	0.0	0.0	0.0

※すべて勝利数換算で表示（＋10得点で1勝と換算）

ます。

ただし、WARはあくまでも1年間のデータを用いてつくったものです。その年の貢献度を示すという点では優れていますが、守備指標UZRのように1年間だけでは安定しない指標も含まれていますので、現状では選手の能力そのものを表す指標にはなりきれていません。また球場ごとの補正や守備位置ごとの補正にも課題があります。より精度の高い総合評価指標をつくるために、今後改良を続けていく予定です。

ミニコラム

得点期待値と得点価値

第2章では多くの指標を紹介してきましたが、打撃指標ｗＲＡＡや投手指標のＦＩＰなどいくつかの指標ではプレーに係数がついていました。この係数はどのようにつくられているのでしょうか。

第2章で触れたように、セイバーメトリクスではすべてのプレーを得点や失点に換算することで客観的な評価を行っています。どのくらい得点を増やしたり、失点を減らすかという点がカギとなるのですが、そこで登場するのが「得点期待値」と「得点価値」の考え方です。

図2−1の得点期待値は２０１４年の得点期待値を表しています。実際のデータを基に、そのアウトカウント・塁状況から攻撃が始まった場合に平均で何点入るのかを表していますので、例えば「無死走者なし」の場合は、そのイニングが終わるまでに平均で０・４６０点入るという意味になります。同様に「無死満塁」からの攻撃はイニング終了までに平均で１・９９５点入るということです。

図2−2の得点価値は状況別の得点期待値から各プレーの得点価値を算出したものとなりま

図2－1 2014年：アウトカウント走者状況別得点期待値

状況		アウトカウント		
		0	1	2
走者	なし	0.460	0.241	0.086
走者	一塁	0.817	0.495	0.194
走者	二塁	1.152	0.679	0.307
走者	三塁	1.262	0.982	0.370
走者	一二塁	1.417	0.922	0.439
走者	一三塁	1.866	1.195	0.462
走者	二三塁	1.823	1.349	0.544
走者	満塁	1.995	1.424	0.717

図2－2 2014年：結果別得点価値

単打	二塁打	三塁打	本塁打	失策出塁	四球
0.45	0.79	1.17	1.38	0.46	0.28
死球	アウト	併殺打	三振	盗塁	盗塁刺
0.30	−0.26	−0.75	−0.26	0.18	−0.39

※四球は敬遠を除いて算出

す。これはプレーを得点に換算したものですので、例えば単打であれば1本あたり平均で0・45点、本塁打であれば1本あたり平均で1・38点の価値があるという意味です。「走者がいるかいないか」や「接戦か大差の試合か」などは考慮されませんので、どの場面でも本塁打は1本あたり1・38点の評価になります。状況にかかわらず、あくまでも本塁打を打てる力を純粋に評価しているのです。

このように、セイバーメトリクスでプレーに係数が使われる場合、多くは得点期待値と得点価値のデータを出発点にしています。プレーを一つ一つの要素に分解して、各プレーを得点に置き換えて評価することで、客観的な評価指標をつくることができると考えられているのです。ちなみに、この本で使っているwRAAなどの係数は2004〜13年の10年間の得点期待値を基にしています。さらにくわしく知りたい方は『勝てる野球の統計学──セイバーメトリクス』（岩波科学ライブラリー）をご参照ください。

第3章

トラッキングシステムの世界

投球、打球、選手の動きがすべて丸裸に

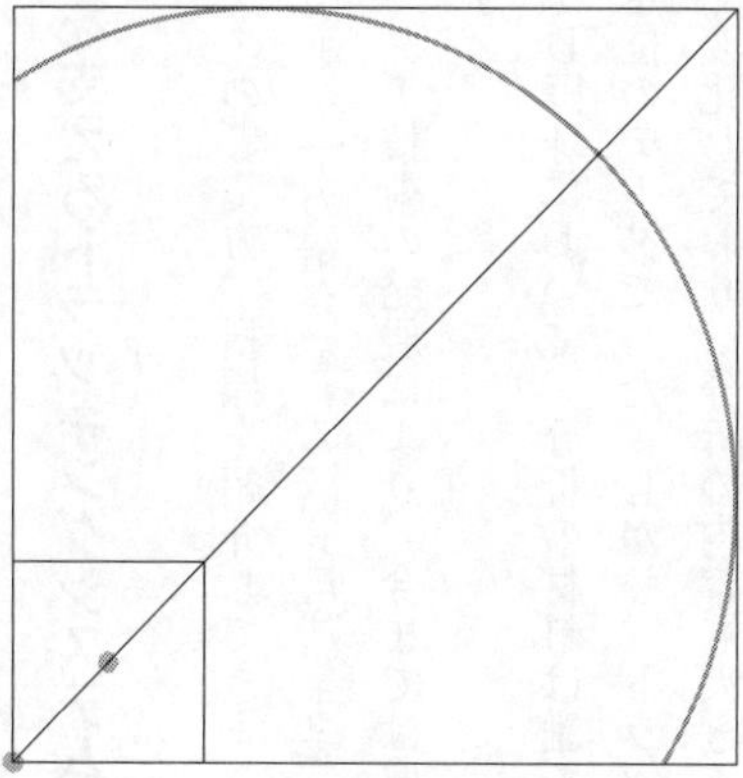

野球のビッグデータ化を支えるトラッキングシステム

第2章まではセイバーメトリクスの考え方、指標を紹介してきましたが、ここからは大きく趣向を変えて「トラッキングデータ」の紹介をしたいと思います。「はじめに」でも触れたように、近年は画像解析やレーダー技術の発展により、今までは取れなかった詳細なデータを収集することができています。

旧来のセイバーメトリクスやID野球において、分析の材料は誰でも見ることができる公式記録、手動で入力された一球単位のデータでした。しかし、トラッキングシステムの出現によってデータの質・量は大きく変化しており、分析の内容も大きく変わってきています。野球の分析は、今まで考えられていたセイバーメトリクス、ID野球がイメージしていない領域に拡大しているのです。

この現象を流行の言葉で置き換えるならば「野球のビッグデータ化」と言えそうです。メジャーリーグに端を発するビッグデータの波は野球の見方をどのように変えてくれるのでしょうか。

メジャーリーグは試合速報もメジャー級!?

さて、読者の皆さまはメジャーリーグの試合速報を見たことがあるでしょうか？　もし見たことがないという場合は、ぜひ MLB.com で好きな試合をクリックし「gameday view」を開いてみてください。

MLB.com はメジャーリーグの公式ホームページですが、ここで行われている試合速報は一球ごとにボールの軌道が表現されています。第1章でも紹介したように、日本プロ野球における試合速報はデータスタジアム社などが一球ごとにデータを手動で収集し、配信する形を取っています。そのため、速報で表示されるのは「どのコースや高さにどんな球種が投げられたか」までです。メジャーリーグのように、投手から捕手へのボールの軌道が描かれることはありません。

MLB.com で再現されている投球の軌道は決して適当にあてはめたものではなく、トラッキングシステムによってデータを収集し、実際の投手の投球を再現したものとなります。**図3－1**のようにリリースから本塁までの投球軌跡をデータ化していますので、リアルな投球

図3－1 PITCHf/xのイメージ図（Sportvision提供）

軌道が再現されています。

トラッキングとは「追尾」という意味で、トラッキングシステムとはボールや選手などを追尾するシステムのことを指します。メジャーリーグでは球場に設置したカメラの映像やレーダーでボールや選手を追尾し、投球の変化量や打球角度などの情報を半自動的に取得しています。また、PITCHf/xというトラッキングシステムが全30スタジアムで導入されており、投球軌道を再現する試合速報が可能となっています。

PITCHf/xのデータからは投球の変化量が分かるので、例えば「キレのあるストレート」や「打者の手元で消えるスライダー」など、今まで感覚的な言葉で表現せざるを得なかった球種の質について「ストレートに比べて平均で○○cm落ちるフォークを持っている」というように、はっきりとした言葉で語ることができます。このような情報は野球ファンにとって楽しみを増やすものですし、またチームや選手にとっても、パフォーマンスを向上させるために活用することができます。実際にメジャーリーグでは、トラッキングデータを選手の育成やトレード、契約交渉などチームを強化する目的でも活用しています。

それでは、実際にどのようなデータが収集され、どのように活用できるものなのでしょうか。この章ではメジャーリーグで収集されたPITCHf/xのデータを見ながら、トラッキングデータの見方やその活用方法について、主に座談会形式で紹介します。

座談会に参加するメンバーは次の3名です。この本の執筆者でもあり、PITCHf/xなどトラッキングシステムの日本での導入を推進しているデータスタジアム株式会社のアナリスト・金沢慧《けい》。バイオメカニクスの見地からボールの変化量に関する研究を進める第一人者で、過去にデータを計測した投手は延べ500人以上、北京オリンピック女子ソフトボール日本代表にも研究者として同行した経験を持つ國學院大學助教・神事《じんじ》努《つとむ》。プロアマ問わず野球選手のタイムを計測する「炎のストップウォッチャー」として知られるライター・キビタキビオ。それぞれ異なる立場から野球のデータを見続けてきたコアなメンバーです。今回はこの3名にトラッキングデータの奥深さについて熱く語ってもらいました。

野球の新テクノロジー「トラッキングシステム」をあれこれ語る座談会

出席者

■データスタジアム株式会社ベースボール事業部アナリスト・**金沢慧**
■國學院大學人間開発学部健康体育学科助教・**神事努**
■野球ライターで「炎のストップウォッチャー」こと**キビタキビオ**

パートⅠ 「ストレートはすべてシュートする⁉」

※ここで登場するPITHCf/xのデータはすべて2012～14年のメジャーリーグのデータとなります。

「ストレート」って何だろう

金沢 本日はトラッキングデータ、特にボールが変化するメカニズムの話を中心に座談会を進めていきたいと思います。神事先生、キビタさん、よろしくお願いします。まずバイオメカニクスがご専門の神事先生に質問なのですが、どのようなきっかけでボールの変化に注目するようになったのですか？

神事　本格的なきっかけは、大学院でバイオメカニクスの研究をしていたときに調べたアメリカの文献でしょうか。1959年にカリフォルニア大学の先生が、ピッチャーが投げた球の回転速度を計算していたのですが、その数え方がすごく曖昧だったんです。トラッキングもしたようなのですが、「ボールが減速していない」とか、今では考えられないような結果が出ていました。しかしそれがアメリカのバイオメカニクスの教科書になるというレベルだったのです。その話を私の指導教員としていて、「じゃあ、お前が回転数を求めてみろ」と言われたので、数学的にちゃんと求めてみようと思いました。そこで、ボールにマークを書いて、回転数と上下左右への変化量を求めました。すると、一般的に「ストレート」といわれているはずの球が、回転や変化量を見ると、あまりにもたくさん種類がありすぎて……それで何がなんだかよく分からなくなってしまったんです。

金沢　なるほど。「あれ？　ストレートって何なんだ」と。

神事　そうです。実は私自身、現役時代はキャッチャーをやっていまして、そのころから、いわゆる「軽い球」とか「重い球」と呼ばれるものの正体は何なんだろうという問題意識は持っていました。研究を始めて、ピッチングマシンのストレートと比べてみると、生身の人間の投げる球は、回転数や変化量がまったく違っていたんですよね。そのときに、「ああ、そういうことか」と思いました。「生きた球」とか「死んだ球」とか言われるのは、そこから来ているのかと。

金沢 ご自身のプレー経験で持たれた疑問が研究の原点になっているんですね。キビタさんが球の回転や変化量に興味を持たれたきっかけはいかがですか。

キビタ 私も高校では硬式野球部でキャッチャーをやっていまして、今でも草野球レベルでは続けています。私の場合は、もっと庶民的に、バッティングセンターで打つときの感覚と実際に草野球でプレーするときの感覚がずれる、というところに端を発しています。今だとバッティングセンターに、ピッチャーの映像があってそこからボールが出てくるシステムがありますよね。これがあれば、バッティングのトレーニングが効果的にできるだろうと思っていたのですが、実戦とはどうも感じが違う。マシンではボールのリリース位置がかなり低く設定されているんですよね。ですので、ピッチャーが実際にマウンドに立って投げてくる高さとまったく違う。

金沢　確かにそうですね。

キビタ　私が野球ライターとして活動を始めたときに、練習の中にリアルさを追求しようとしている高校を取材する機会がありました。投手の高さに合わせるために、ブロックを積んだ上にピッチングマシンを置き、しかも右ピッチャーを想定するときと左ピッチャーを想定するときとでは、ちゃんと場所をずらして、角度をつけていました。そういう練習を見ながら、リアルなボールって何なのか、ということが気になっていたんです。

金沢　球の回転や変化については野球をやっていた人なら誰もが疑問に思うところですよね。どこかで引っ掛かっていたものが、最近になってようやく解読できる環境が整ってきたという感じでしょうか。

キビタ　この座談会で、その謎が解ければと期待しています。

金沢　私も2013年につくば野球研究会で神事先生の話を聞いて、ボールの回転と変化の関係についてはそうやって整理すればいいのかと、やっと腑に落ちたんです。そうしたら次の年にすぐ、日本の球団にPITCHf/xの導入を進める仕事がどんどん増えてきて、本格的に回転や変化量を研究する必要が出てきました。

PITCHf/xの仕事をしていてもったいないと思うのは、日本人が好きそうな話題なのに、あまり浸透していないことです。回転や変化量の話はいわゆるセイバーメトリクスに生かせるというだけではなくて、プレーヤー視点の話も多い。自分の投げている球がどのように変化しているのかを考えるのは、配球や細かい戦術の話が好きな日本人に合っていると思うんですよね。そのような気持ちもあって、今回お二人を招いての座談会を企画しました。

ではまず、投球の変化量とは何か、というテーマから始めたいと思います。トラッキングシステムで投球のデータを取ったときに分かる代表的なものが、この「変化量」です。神事先生、そもそもボールはなぜ変化するのですか。

ストレートはシュートしている？

神事　はい。まず前提として、投球には「回転しないで曲がるボール」と「回転して曲がるボール」の二種類があります。いわゆるナックルボールのような振る舞いをするのが「回転しないで曲がるボール」。一方で「回転して曲がるボール」が、マグヌス効果によって揚力が発生し曲がるボールです。ボールが回転することによって空気の流れが変わるので、きれいなバックスピンがかかっているときなら上と下の気圧の差がおきて上方向に曲がるし、反対にトップスピンであれば下に曲がる。このようなメカニズムがあります。

金沢　う〜ん、やっぱり難しい。マグヌス効果という言葉が出ると一気に難しくなりますね（笑）。日本の野球には「シュート回転のストレートはダメだ」という定説がありますが、「実はストレートはすべてシュートしている」という話から入った方が変化量は理解しやすいかもしれません。神事先生、ストレートは本当にシュート方向に変化しているのですか？

神事　はい、変化しています。私はモーションキャプチャーからボールの変化量を求めているのですが、今まで500人以上の投手のデータを取ってきたところ、大小の差はあるにせよ、ほぼすべての投手のストレートがシュートしているということが分かりました。シュートしていない投手はたった3人でした。

金沢　面白いですね。それはリリースの角度の問題なんでしょうか？

神事　そうですね。真上から腕を縦に振るような投手だとシュート方向に変化しにくいのですが、オーバースローの投手でも実際には真上でリリースできる人はほとんどいません。

スリークオーターやサイドスローだと、よりシュートしますし、アンダースローの場合だとシュートしながら落ちていくというストレートもあります。腕は肩を中心とした回転運動ですので、腕の振り方がボールの回転に大きく影響を与えていると言えます。

藤川球児投手のストレートでもシュートしているのか

金沢 キビタさん、このような球の変化の認識は、野球関係者にとっては一般的なことなんでしょうか。

キビタ プロの方はともかく、一般的な野球関係者はストレートがすべてシュートしているという感覚はあまり持っていないんじゃないでしょうか。スリークオーターではなくオーバースローの投手でもストレートはシュートしている、と考えている人はあまりいないように思います。

例えばきれいなストレートを投げるタイプの分かりやすい代表としては藤川球児投手（高知ファイティングドッグス）がいますが、彼のストレートでさえもシュートしているということが認識されているかというと……。

金沢　PITCHf/x システムで収集した実際のデータを見てみましょうか（図3－2）。この図は2013～14年のメジャーリーグでの藤川投手のデータを可視化したものになります。円はフォーシームのストレートの変化量を平均したものです。(0,0) の位置は「変化していない球（重力のみの影響を受けた球）」になるのですが、ご覧の通り、ストレートは図の右上に位置しています。投手目線の図になるので、右投手なら右側がシュート方向の変化を意味します。つまり藤川投手のストレートはホップ方向に変化しているとともに、シュートしているということです。

神事　それでも、藤川投手くらいの変化であればシュート方向への変化は少ない方でしょうね。これが岩隈久志（シアトル・マリナーズ）投手だと……。

キビタ　かなりシュートしているんじゃないですか。

金沢　そうです。こんな感じになります（図3－3）。

キビタ　ああ、やはりそうですね。

金沢　薄い円がフォーシーム（1回転の間に縫い目が4回通過する球）のストレートです。念のため、濃い円の速いシンカー（日本ではツーシームに分類されることが多い）も載せてみましたが、フォーシームだけ見てもかなりシュートしています。ほぼサイドスローじゃないか、というくらいの変化量です。細かな話をすると、シアトルの試合は1試合ごとの計測誤差が大きいという感じはしますが。いずれにしても、藤川投手と岩隈投手を比べると、岩隈投手のストレートがシュート方向に大きく曲がるタイプであること

図3−2 藤川球児：右投手

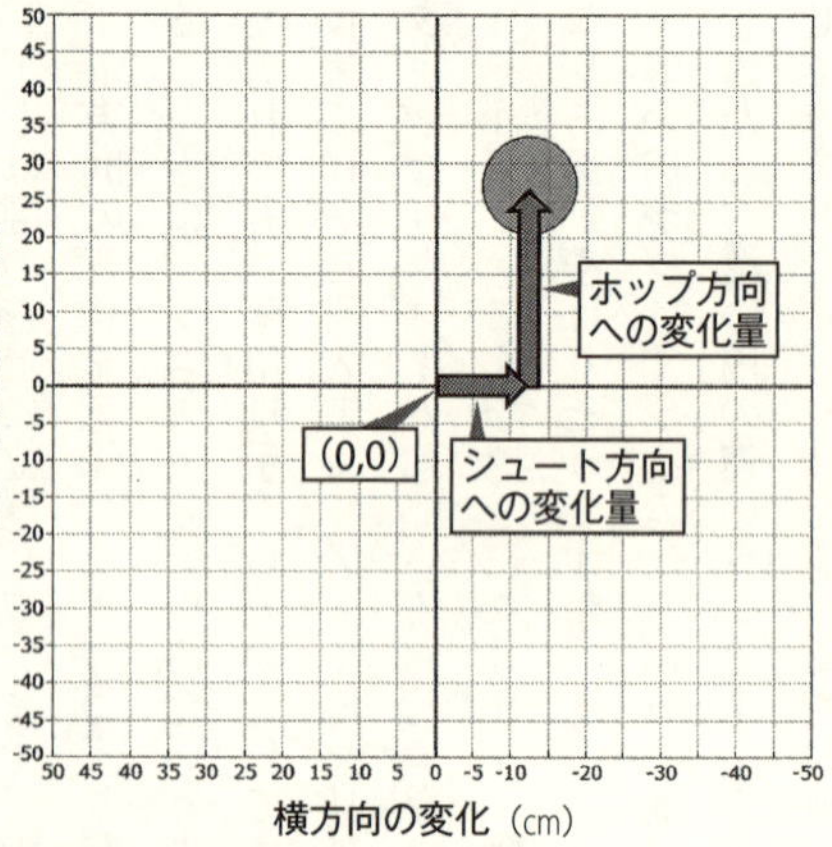

図3−3 岩隈久志：右投手

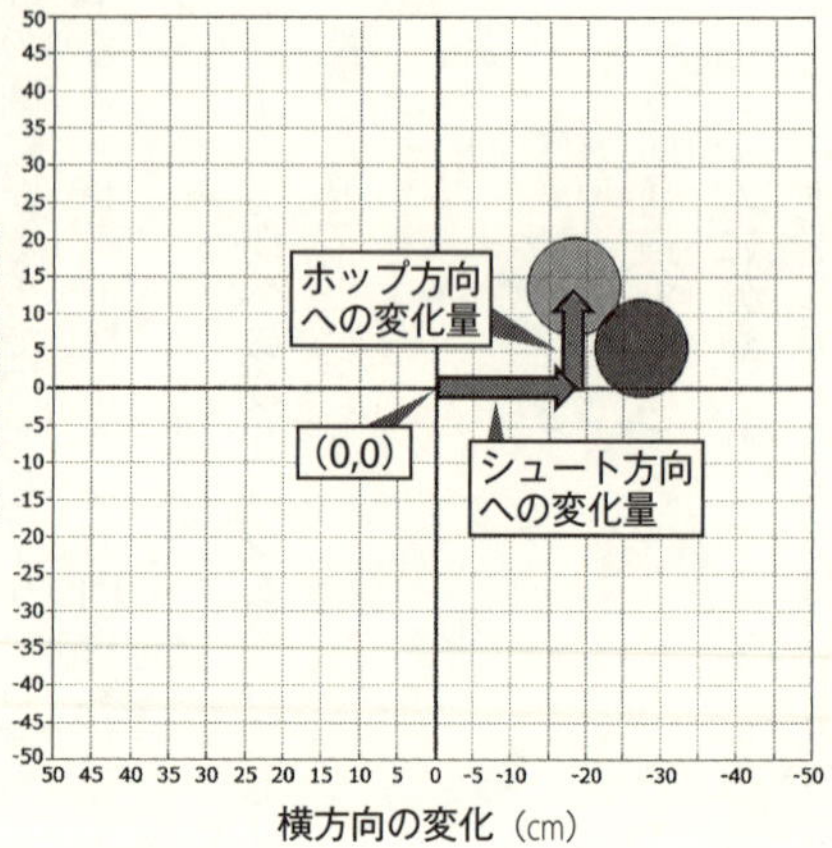

＊この図の見方はp.184〜186で解説しています

はよく分かります。

キビタ　同じ「ストレート」でもいろいろな種類があるということですね。

球が変化しない（0,0）の意味

金沢　ここ1年半ほど、仕事でトラッキングデータについてプロのリーグや球団関係者の方に説明をする機会が多いのですが、球の変化量を見る際の原点となる〝重力のみの影響を受けた曲がらない球〟のことを「それって何だ？」と必ず言われるんです。藤川投手や岩隈投手の図にある（0,0）の場所ですね。ここは縦方向、横方向ともに「変化なし」ということを表しているのですが、なかなか説明しにくいんですよね……。

神事　理解するのに時間がかかりますね。英語だと「Spin Free Trajectory」などといわれます。「回転がない場合はここに到達しますよ」という点です。いろいろな言葉を使うと余計に分からなくなってしまうので、最初にどういう情報を与えるかが大事になりますね。

金沢　神事先生も球団の方や選手、コーチに説明されることが多いと思いますが、どのように話されているのですか。

神事　そうですね。最初から、(0,0) とは何か、と説明するよりも、ボールがどれくらいシュートしていて、どの方向に変化しているかということだけ話をする方が理解される場合が多いんです。「原点 (0,0) が〜で、」と説明すると、それだけで「はあ？」となってしまいますから（笑）。まず、ストレートはホップしていてシュートしているという話から入って、じゃあ、他の変化球はどうなっているんでしょうね、と進めていった方が理解されやすい。今、説明しているように、いろいろなストレートを見てみるのがいいと思います。選手やコーチもさまざまなストレートを見ると「ああ、ストレートでもこれだけ種類があるんですね」となりますね。

金沢　なるほど。では (0,0) の詳しい説明は後回しにして、まずはさまざまなストレートについて考えることにしましょう。

それでは、ストレートの種類について、代表的なものを教えていただけますか？

「打たれやすいストレート」と「打たれにくいストレート」

神事　まず藤川投手のようなシュート方向の変化が小さくホップ方向に大きく曲がるタイプ。それから岩隈投手のようなシュート方向の変化が大きいタイプ。サイドスローのストレートはホップ方向にあまり曲がりませんし、あと「ボールが来ない」と表現されるような垂れるストレートの場合、変化量自体が少なくなります。このような投手はゴロ率が高いですね。

金沢　ストレート一つとってもいろいろなタイプがあって、そのタイプによって打たれやすい打球の傾向が異なるということですね。神事先生、今回見ていただいたメジャーリーグのデータから、ストレートが特徴的な投手を教えてください。

神事　はい。左投手の例ですが、**図3－4**はアントニオ・バスタルド投手（ピッツバーグ・パイレーツ）のストレート、**図3－5**はダラス・カイケル投手（ヒューストン・アストロズ）のストレートの変化量になります。左投手なので右投手と左右の変化が逆になり、左側ほどシュート方向が大きいことを表しています。二人とも日本ではそれほど知られていない投手ですが、特徴的なストレートを投げます。まずバスタルド投手は原点(0,0)からの距離が遠いので、かなり変化量の大きいタイプですね。

キビタ　しかも、ややシュート方向の変化が少ないホップするタイプと言えますね。

図3－4　バスタルド：左投手

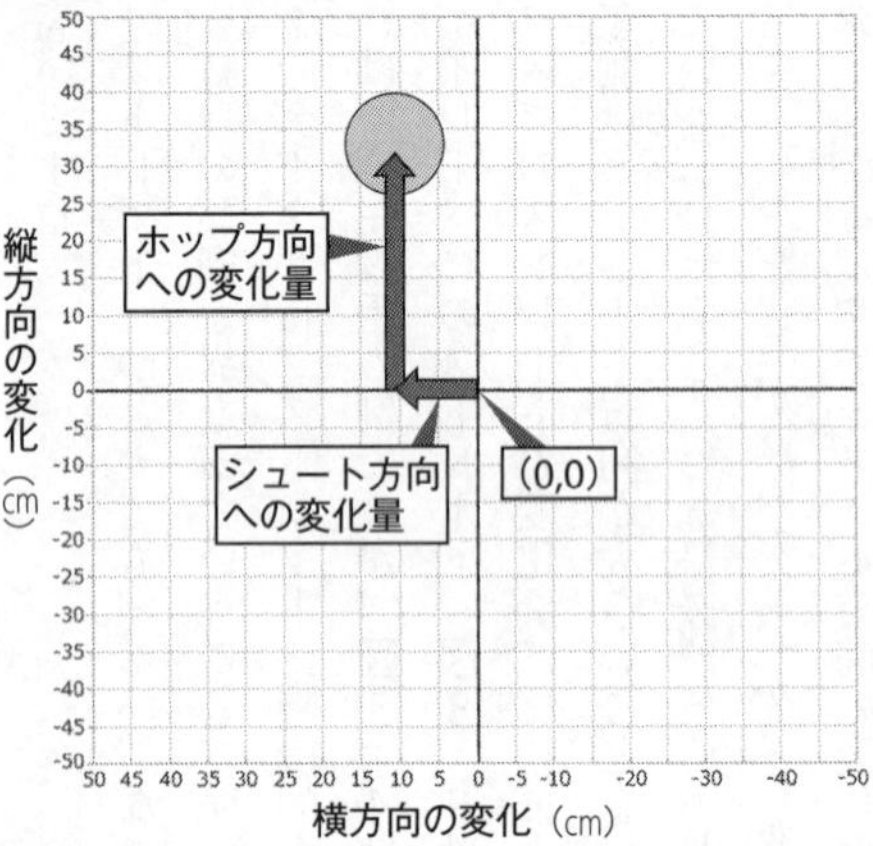

図3－5　カイケル：左投手

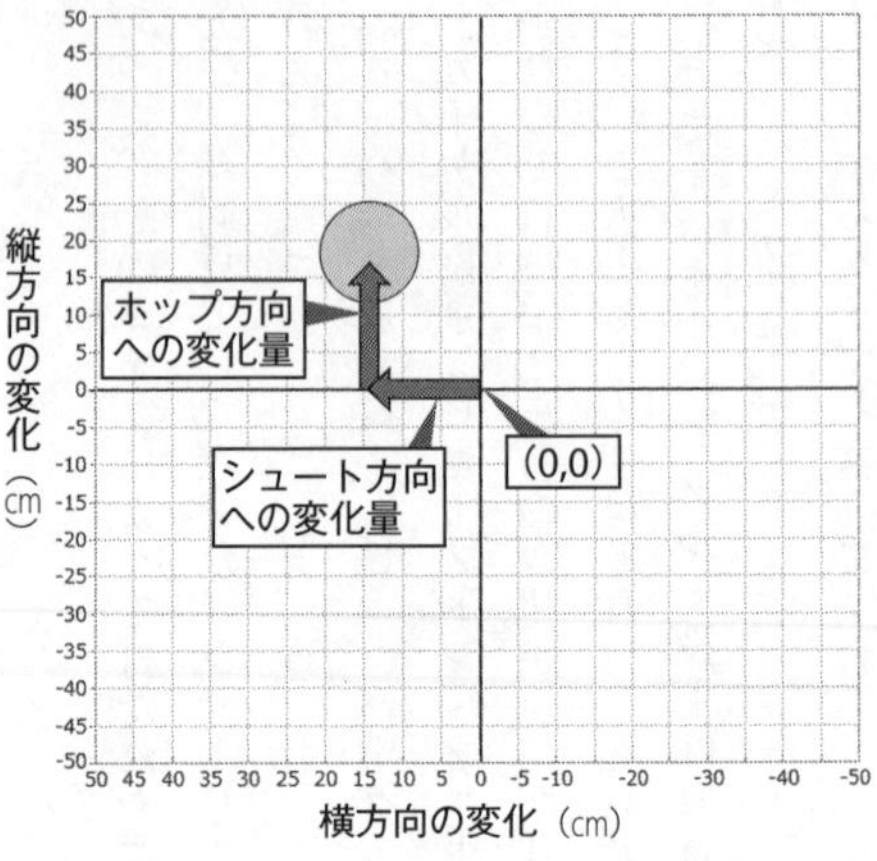

神事　一方、カイケル投手のストレートは、原点からの距離が近いことが分かります。同じ左投手のストレートでもこれだけ違う。カイケル投手の方が変化量は小さいのですが、この変化量を私の収集してきたデータと照合すると、１００キロ程度のストレートと同

図3－6 ストレートの球速と回転速度の関係

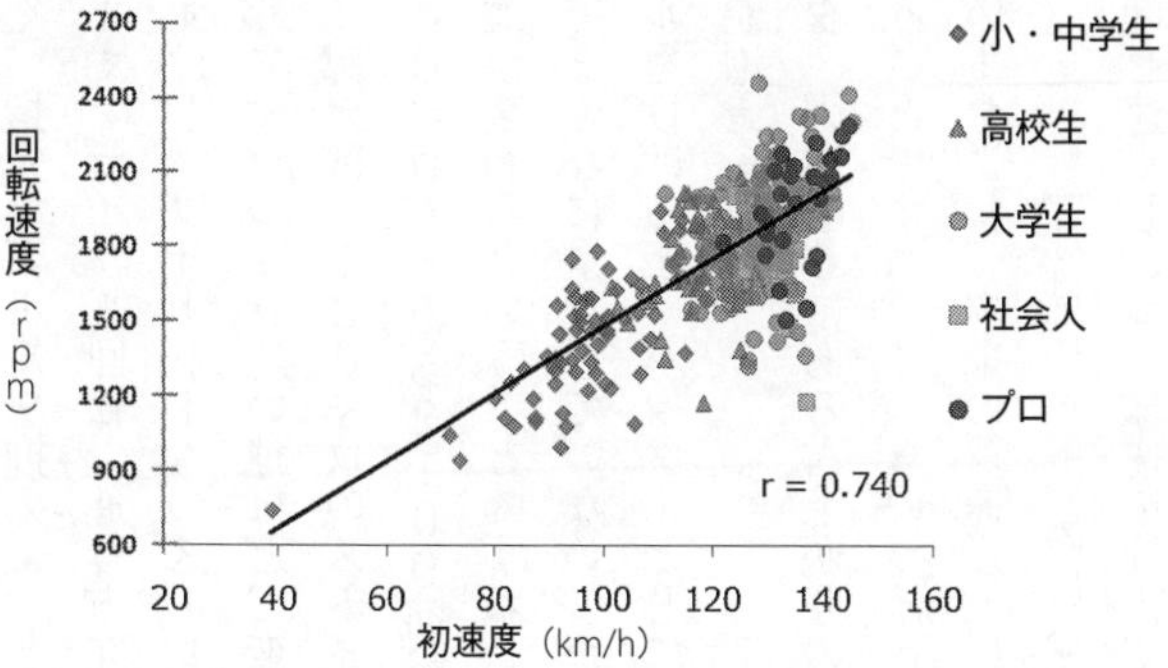

じような軌道なんですよ。つまり、145キロで中学生が投げるような軌道のボールだと、バッターはボールの上っ面をたたいてゴロになるという仕組みです。

キビタ　なるほど。

金沢　どちらも140キロ台半ばなので球速に大きな差はないですね。神事先生とPITCHf/xではデータの収集方法が異なるので変化量の計算に誤差はあるかもしれませんが、とても興味深い話ですよね。そもそも、球速と変化量の関係ってどのようになっているのですか。

神事　図3－6で示しているのは500人くらいのピッチャーの球速と回転速度の関係ですが、球速と回転速度はほぼ比例の関係になっています。球速が速い投手は腕の振りによる遠心力が大きく、指先でボールを抑えようとする力も大きくなるので、結果的にスピン量は多くなります。ライフル回転（進行方向に向かって渦を巻くような回転）がかかっていれば別ですけど、フォーシームのストレートであればスピン量が多くなるほど変化量も大きくなります。つまり速い球ほど、変化量が大きいということです。

金沢　例えば、140キロだったら120キロのストレートだったら毎分1800回転くらいが普通ですが、1　40キロだったら2100回転……というように、球速によって原点（0,0）からの距離が変わるということですね。だから、縦方向か横方向はともかくとして「何かの理由でそんなに変化していない、だけどスピードは145キロ出ている」というようなボールを投げると、バッターとしては「来た」と思ったら、思ったよりも球が沈んで、ゴロが増える、と。

キビタ　図3−6にある右上がりの線に近いほど、バッターとしては予測がつきやすいということですね。さっきのカイケルはその線より下なので予測しにくい。逆のパターンもいますよね。本来の球速以上にホップしたりするピッチャーも。

神事　ええ。「球は速くないのになぜか打たれない」というのはそういうことです。回転速度を速くしつつ、球速を抑えているので、バッターからすると投手がリリースした瞬間に感じている球のイメージに合わない。ピッチャーがそれを意識的にやっているかどうかというのはありますけど。

つまり、どちら側であれ、打者の予測から外れる投手が良い投手ということになります。逆に球速通りの変化量になってしまう投手は凡ピーです（笑）。「あくまでもストレートに関しては」ですが。

キビタ　投げている本人は何だかよく分かっていないけれども、なぜか打たれないということはたしかにありますね（笑）。

「キレの良いストレート」の正体とは

金沢　日本人になじみのある投手も見てみましょうか。例えばシカゴ・カブスの和田毅《つよし》投手はこんな感じです（図3－7）。

キビタ　やはり、かなりホップ方向に変化していますね。和田投手の場合は大学時代から球速は130キロ台なのに、振っても振っても当たらないという感じでした。プロでもそれがそのまま通用しました。この座標でいうと上の方のタイプですね。

図３－７　和田毅：左投手

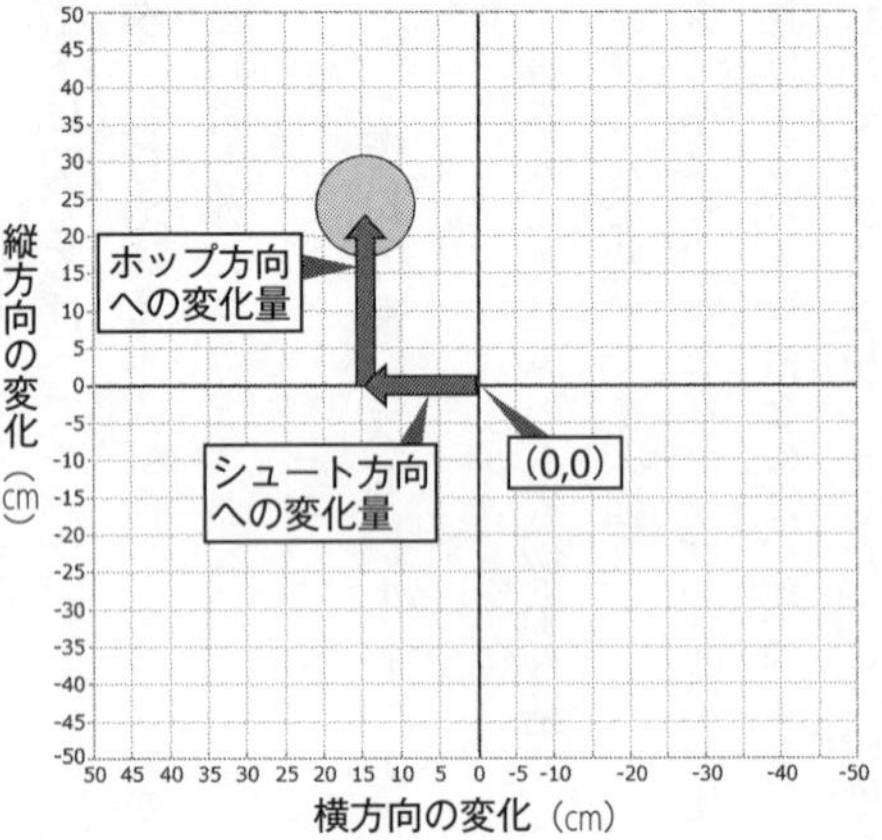

金沢　１４０キロ程度のストレートにしてはホップ方向の変化が大きい。打者の予測が外れて、しかも空振りが多くなるタイプのストレートですね。実際に日本プロ野球在籍時にも、高めのストレートでの奪空振り率が17・9パーセントの年がありました。これは２００５～１４年の10年間でみても、プロ野球の先発左腕で最も高い数値でした。

神事　平均的なストレートに比べてホップ方向への変化量が多くなると、空振りやフライが多くなります。打者のバットは横から出てくるので、ホップ方向に変化する球はフライになりやすい。これがシュート方向の変化が大きいと、どうしてもバットに当たってしまいます。

金沢　一般的にストレートの「キレ」とか「ノビ」と言われる部分の話ですよね。神事先生はこのあたりをどのように考えていますか？

神事　例えば身体を倒して真上から投げ下ろしたらカーブは縦に曲がります。でも、この投げ方だと、横に大きく曲がるスライダーは投げにくい。握り方が近い球種なら、フォームによってある程度変化の方向は決まってきます。この投手固有の変化の方向を私は「球種の軸」と呼んでいます。バットに当たりにくくて空振りの取れる「キレの良いストレート」を投げると言われる投手は、この軸が縦になっている傾向が強いんです。打者を抑えるためには、先ほどから言っていますように、他の投手が多く投げる球種、ラインからどう外れるかということが重要なのですが、思ったほどシュート方向に変化しないストレートを持っている投手は、同じ回転数でもホップ方向への変化が大きいですから、空振りを取りやすい傾向にあります。

金沢　図３－８では藤川投手の主な球種の変化量を、図３－９では岩隈投手の主な球種の変化量を表示しています。確かに藤川投手は「球種の軸が縦」に見えますね。空振りを奪いやすい球を「キレの良いストレート」と表現するとすれば、藤川投手はストレートのキレがあるタイプで、岩隈投手はストレートのキレがあるタイプではないと。

図3－8　藤川球児：右投手

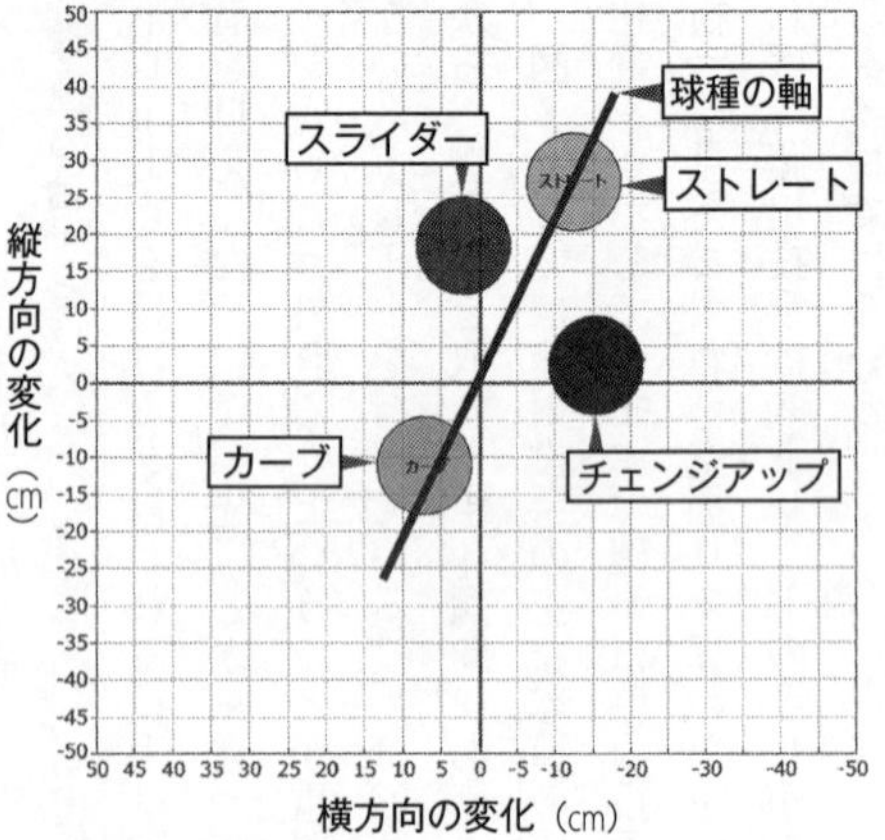

図3－9　岩隈久志：右投手

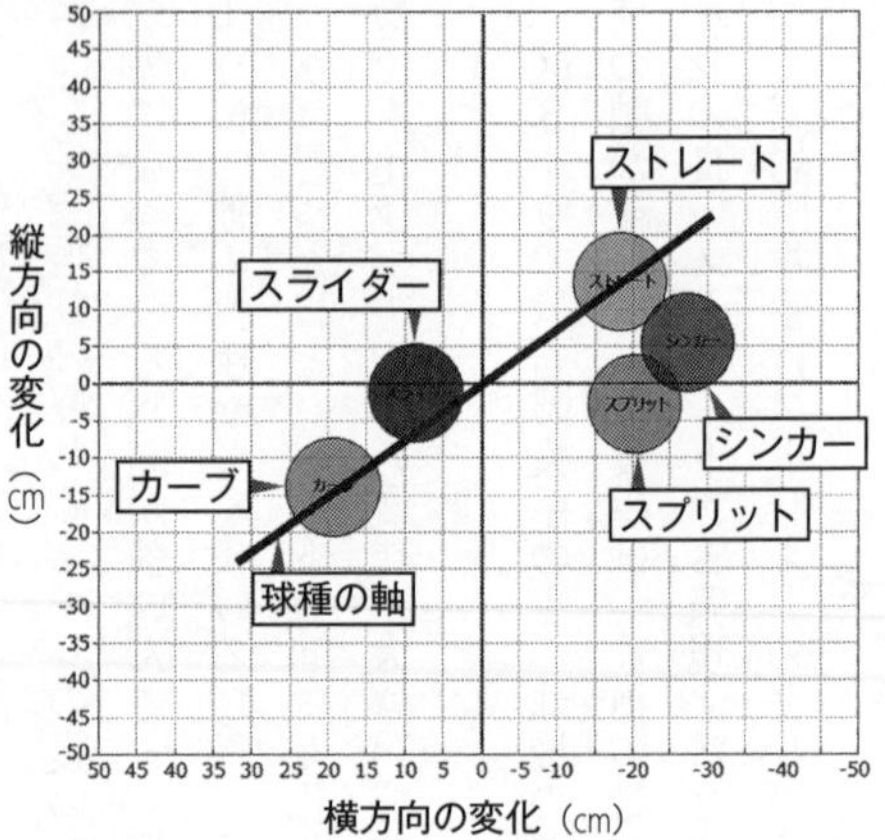

神事　岩隈投手はストレートで空振りを多く取るというタイプではないですよね。どちらかというと左右にボールを動かして打たせて取るタイプ。そして右下（シンカー、スプリット）があるじゃないですか。これはちょっと特殊ですね。あまりいないタイプです。

金沢　つまり、変化量の話で「キレ」を定義づけるならば、球種の軸が縦の投手のストレート、ということになりますね。ちなみに「キレ」と一緒に語られる「ノビ」はいかがでしょうか。単純に回転量の多さですか？

神事　ノビは（0,0）からの距離、すなわち変化量そのものを表すのではないかと考えています。となると、回転量はもちろんですが、回転軸の方向も重要です。後ほど紹介しますが、スライダーやカットボールのように回転軸がライフル回転に近くなると、いくら回転量が多くても変化量が大きくならないので、ノビのある球にはなりません。

「リベラのカットボール」という魔球

金沢　カットボールの話が出ましたので２０１３年で引退したメジャーのセーブ王、マリアーノ・リベラ投手（元ニューヨーク・ヤンキース）の「魔球」を見てみましょうか。リベラ投手の代名詞ともいえるカットボールは少しスライド回転をかけた速球です。図３－10がリベラ投手の２０１２～１３年の変化量になります。

神事　ははは。このカットボールの変化はまるで左ピッチャーのストレートですね。最高ですよ。

キビタ なるほど。これはすごいですねぇ。ほかにこんな球を投げる人はいないですよね。

金沢 あまりいないです。ちなみに**図3－11**はリベラ投手のストレート、カットボール全球の変化量をプロットしたものですが、やはりカットボールが多くなっています。

神事 これも見たことがないです。

キビタ 神事先生が見たことがない、つまり他に投げる投手のいない変化球を持っているということは、それだけで抑え続けられるということですね。

金沢 結局、引退するまで数年間は投球の８割程度がカットボールだったわけじゃないですか。だから、打者はカットボールを狙わざるを得ないのですが、投げると分かっていても打てない。その秘密は変化量にあるのだと思います。

神事 このカットボール、ストレートよりホップ方向が大きいですからね。本当に左ピッチャーの真っすぐみたいです。

金沢 ちなみに、**図3－12**は２０１３年のメジャーリーグ時代の岡島秀樹投手（ＤｅＮＡ）の球種別変化量ですが、岡島投手は投げる位置が頭の上ですよね。だから、リベラ投手のカットと岡島投手のストレートは……。

キビタ　似ている！（笑）さすがに岡島投手のストレートの方がホップ方向に曲がっていますけど、横の曲がりはほとんど一緒ですね。

金沢　ストレートはシュートするとさんざん言い続けていますが、岡島投手はかなり例外の

図3－10　リベラ：右投手

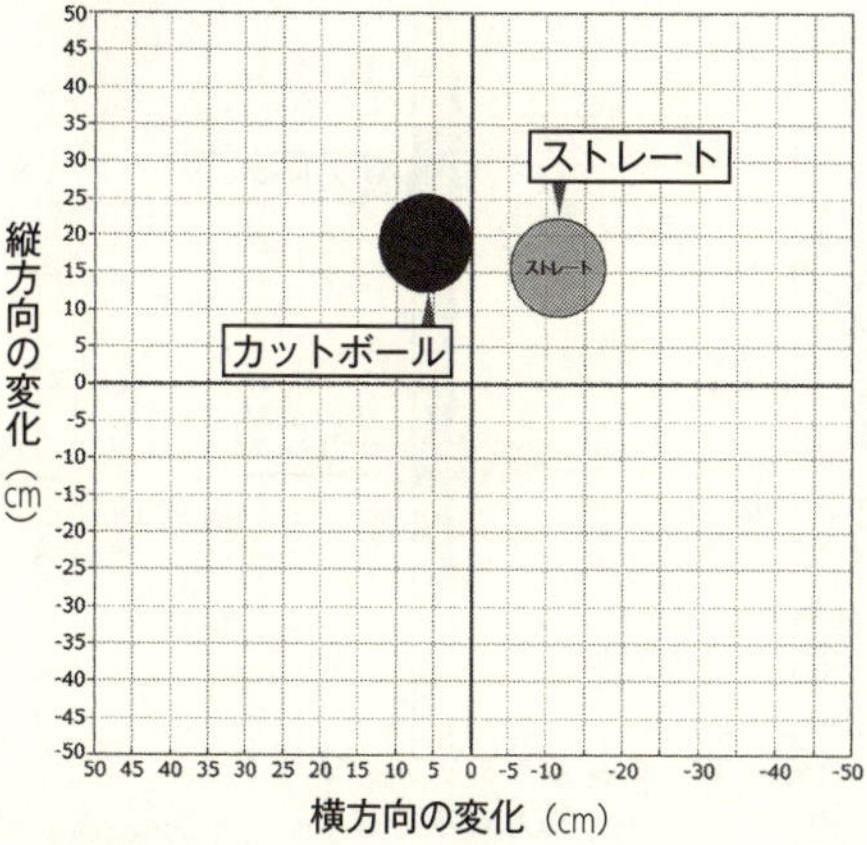

図3－11　リベラ：右投手

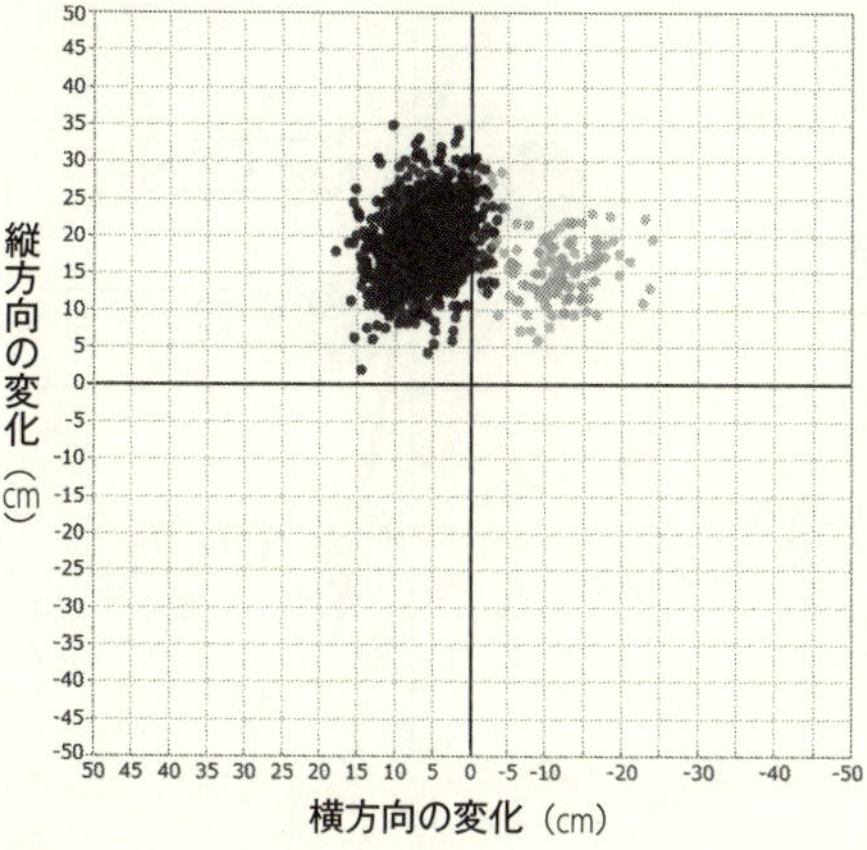

図3－12　岡島秀樹：左投手

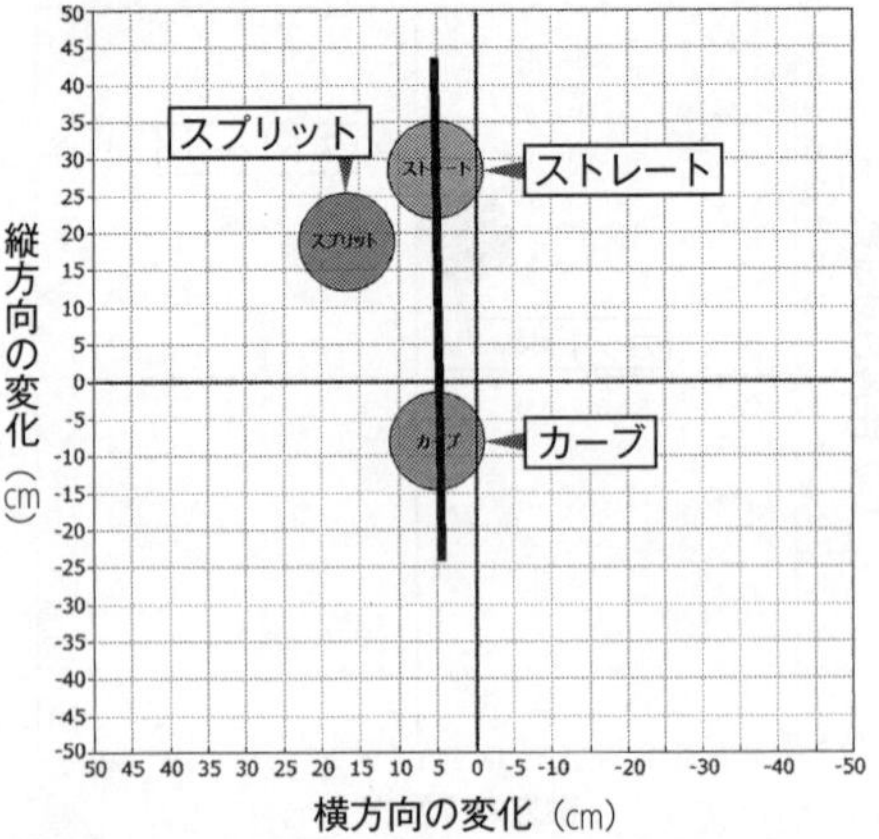

図3－13　カーショウ：左投手

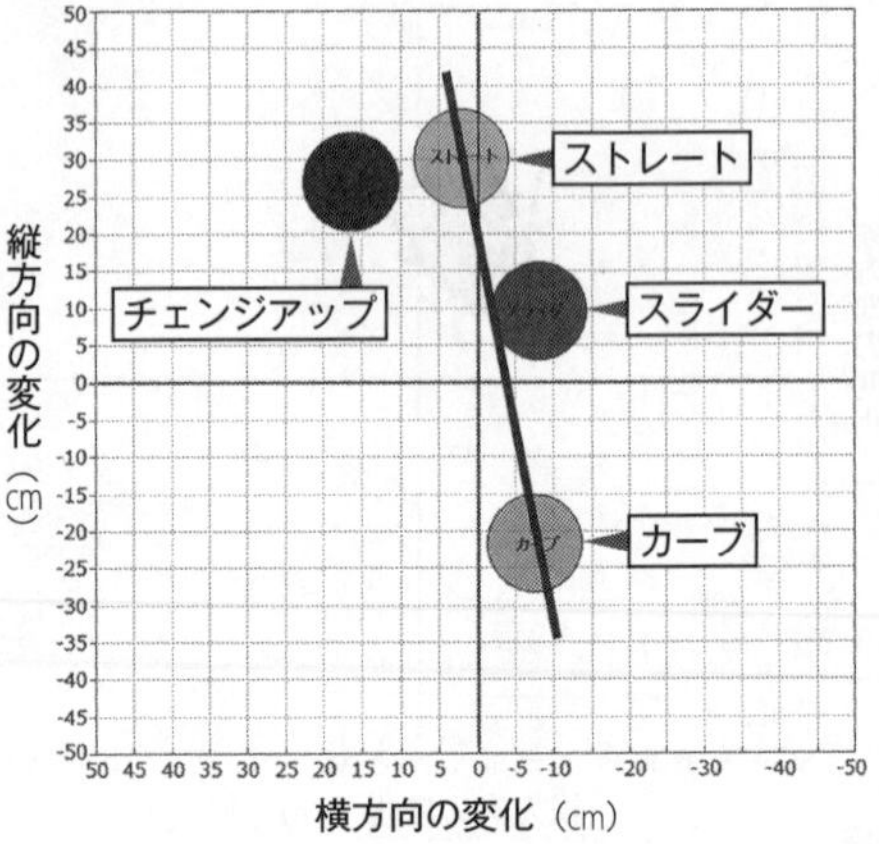

タイプで、リリースが頭の真上なのでストレートはあまり横に変化しないんです。そして、あのリリースだとカーブもかなり特殊で、ご覧のようにかなり縦に変化している。

キビタ　ド縦ですね。

神事　ははは。これはむしろ右ピッチャーのカーブですよ。先ほどの藤川投手のカーブと似た変化量になっています。

金沢　ストレートとカーブの横の変化量がほぼ同じ。こういう投手はほとんどいないですよね。ストレートと横の変化量が似ているのは、本来はフォークやチェンジアップのはずなんですが。

神事　変化量だけ見ると、岡島投手のカーブは「左下」に位置するので右ピッチャーのカーブ、リベラ投手のカットボールは「左上」にあるので左ピッチャーのストレートということです。だから打てない。

金沢　ちなみに、現在メジャーで最も評価の高い左腕といえばクレイトン・カーショウ投手（ロサンゼルス・ドジャース）だと思いますが、彼も真上から投げおろします。そのため岡島投手のようにストレートがシュートしにくく、かつストレートとカーブの変化量の差が大きい（図3－13）。

キビタ　これもまた、独特なタイプですね。

ボールはなぜ変化するのか

金沢　さて、「ストレートはシュートする」という話から始めていろいろな投手のストレート、さらには変化球も見てみましたが、ここで改めて、ボールはなぜ変化するのかについて神事先生にお聞きしたいと思います。

神事　先ほどもお話ししたように「回転して曲がるボール」と「回転しないで曲がるボール」の二種類があるのですが、ここでは「回転して曲がるボール」に加わる三つの力について考えたいと思います。**図3－14**を見てください。ボールに加わる力は、「重力」と空気抵抗である「抗力」、それと「揚力」があります。重力はボールを地面に引きつける力で、抗力はボールを減速させる力です。そして、揚力は抗力と直角の方向にボールを曲がらせます。

金沢　岡島投手のストレートの場合は揚力がホップ方向（上方向）に働いていて、一方で岩隈投手のようにシュート方向の変化が大きいストレートを投げる投手は揚力がシュート方向とややホップ方向にかかっている。つまり、投手から捕手を見る方向でいうと、右

図３－14 ボールに作用する力

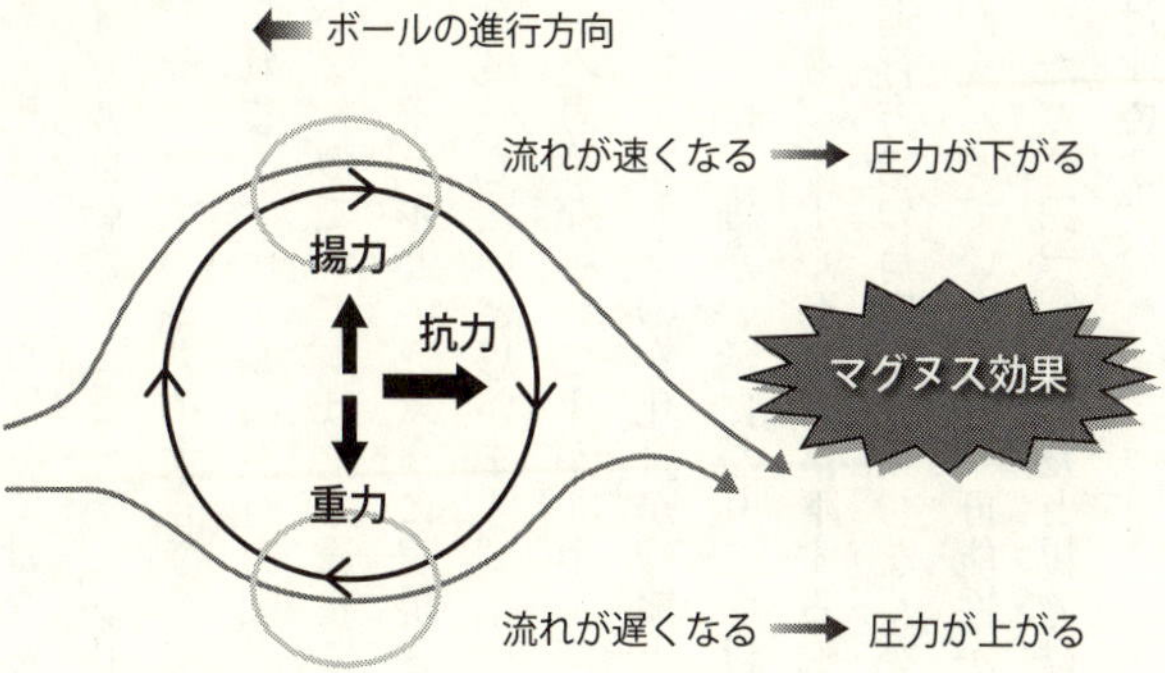

上方向にかかっているという考え方でいいんでしょうか。

神事　このあと説明するライフル回転の話を除けば、だいたいそんな感じです。空気力学的には、揚力は横力という呼び方をするときもあるのですけど、私はそれも含めて揚力「lift force」と呼んでいます。

キビタ　サイドスローの投手のストレートのように、真横に曲がるものであっても「シュート方向に働いた揚力によって、ボールが変化している」という言い方をするのですか。

神事　私はそうですね。

金沢　あと、進行方向に向かって渦を巻くように回転するジャイロボールの話をしておきましょうか。この回転は銃弾のような回転ですので、神事先生はジャイロ回転ではなくライフル回転という用語を使われていますね。完全なライフル回転だと（0,0）の「変化なし」に到達するということなんですよね。

神事　そうです。揚力の大きさを決定する重要な要素として、ボールの回転軸の向きが挙げられます。ボールの進行方向と回転軸の方向が一致したライフル回転の場合、揚力は働かないのでボールは重力通りに落ちることになります。ちなみに海外ではライフルとかスパイラルというふうに表現されているので、ここではジャイロではなくライフル回転と統一したいと思います。

金沢　不思議な感じですが、ボールがまったく回転していないのと、回転軸が進行方向を向いているときの変化量が理論上は同じになるということですね。

神事　ただ、細かい話になりますけど、回転軸が進行方向を向いているライフル回転の場合でも、ボールが重力落下する軌道をたどっていくにしたがって、わずかながら回転軸と進行方向の角度が一致しなくなってズレていきます。そうすると、途中でボールの揚力が変わっていくという可能性がほんのちょっとですが、あるにはある。ただ、PITCHf/x だと揚力は必ず一定で計算されているため、それは無視されているはずです。

金沢　やり投げのようなイメージですかね。投げた瞬間のやりはやや上向きだけれど、飛んでいる間にどんどん下方向に変わってきて、最後は地面に刺さります。同じようにライフル回転の投球もリリース直後の球に比べてホームベース上では重力により回転軸が徐々に下を向くようになると。実際、どのくらいの角度になるのですか。

神事　やり投げとは違って、投球間はわずか18・44メートルですから、その間での変化は10度以内です。回転軸は地面に対してはほぼ一定ですが、ボールの進行方向は変わるということです。

キビタ　空気の当たり方が変わってくるということですね。変化球の研究者の方の中にはスライダーなどにしても、バッターの手元で変化量が大きくなって「グッ」と急激に曲がっているように見えるのはボールの進行方向が変わるせいではないかと、おっしゃっている方もいますが。いかがでしょう？

神事　その影響は少なからずあるとは思います。ただ「急激に曲がる」と表現するほど、飛翔中の回転軸の変化があるようには感じていませんね。何十度も変化するのであれば別ですが、この点に関しては途中から変化するというより打者の見え方を考えた方が良いと思います。

キビタ　では、「グッ」と曲がるというのは、むしろ人間の目に関係があるということですね。

「手元でグッと曲がる」は人間の錯覚？

神事　図3－15はその錯覚のモデルです。右打者の内角、外角へのスライダーの軌道を表していますが、外角のスライダーの方が曲がりが大きく見えませんか。軌道を比べると、実は曲がりの軌道は一緒なんです。

金沢　この図は、錯覚の話をするときによく使われますよね。同じ曲がり方なのに、補助線があると違う大きさに見えるみたいな。変化球も同じような話になるということですか。

キビタ　視覚的な問題で、自分の方に向かってくるような角度がついていない球は速度の感覚が分かりにくい。インコースのスライダーだと、距離感がつかめない状態からフッと突然ボールが来たように感じるということを、別の研究者の方も仰っていました。

神事　同じ変化量でも、人間は、コースが違うだけで「グッ」と曲がっているように錯覚する。だからアウトコースにカーブを投げる意味というか、コースが大事ということなん

図3－15 スライダーの軌道の比較

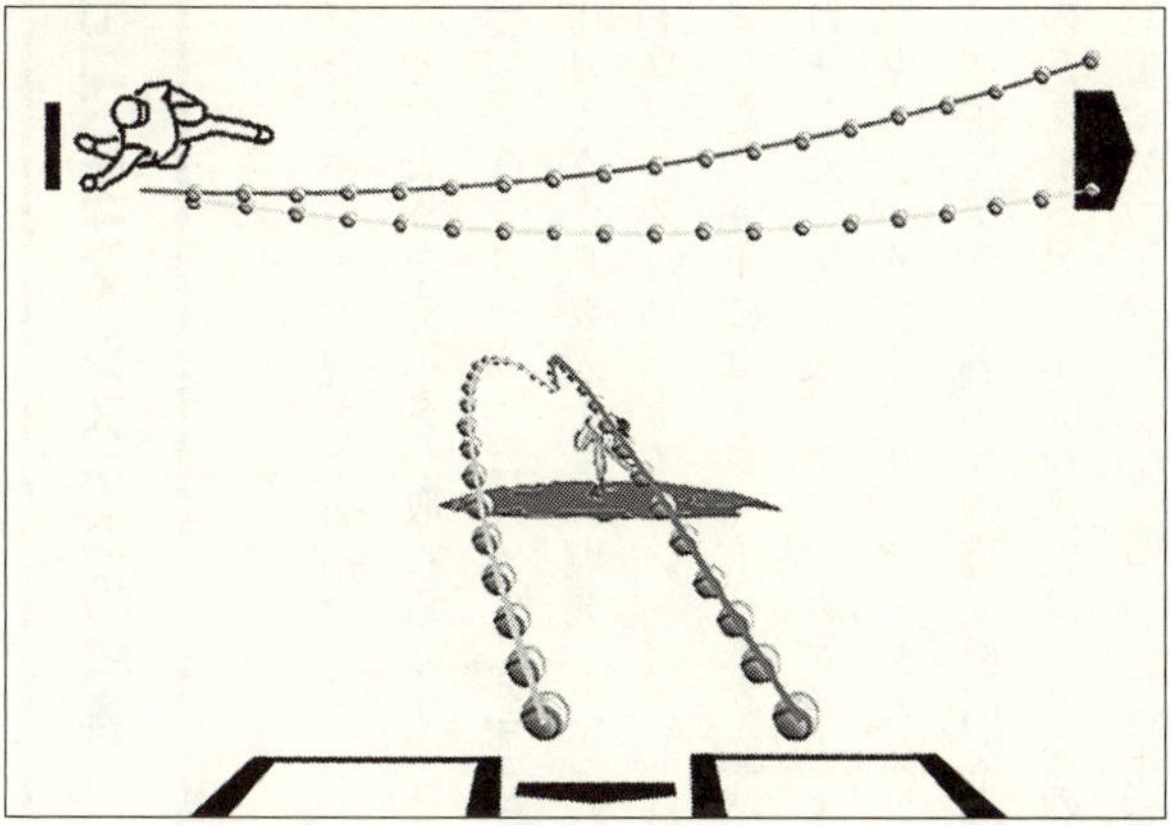

です。

金沢　打者の手元で「グッ」と曲がるように感じる理由をまとめると、回転軸が変わることで手元で変化する可能性もあるとはいえ、人間の錯覚の影響の方が大きいということになりますか。

神事　そうですね。

金沢　途中から急激に曲がったり落ちたりするようなことは、実際には起こりにくいということですね。

PITCHf/x システムの概要

座談会はまだまだ続きますが、ここで一度 PITCHf/x システムはどのような経緯で開発され、どのようなデータが取れるのか、その辺りの説明をしたいと思います。

「PITCHf/x システム」は、Sportvision Inc.（本社：アメリカ合衆国デラウェア州）が、メジャーリーグから要請を受け開発したもので、２００５年のワールドシリーズ「シカゴ・ホワイトソックスvs.ヒューストン・アストロズ」で実用化され、翌年から各球場への設置が始まりました。08年にはメジャーリーグ30球場への設置が完了し、全試合でのデータ取得が開始されました。その後、アメリカマイナーリーグ、ドミニカ共和国、韓国、日本と同システムは世界へと普及しており、データスタジアムでは２０１４年3月に Sportvision と業務提携をし、主にアジア各国への導入展開を進めています。

このシステムの基本的な構成は、3台のカメラ（一塁側、三塁側、センター後方）と球場内に設置するワークステーション（運用室）。カメラが撮影した映像を基にワークステーシ

図3－16　PITCHf/xシステムの仕組み

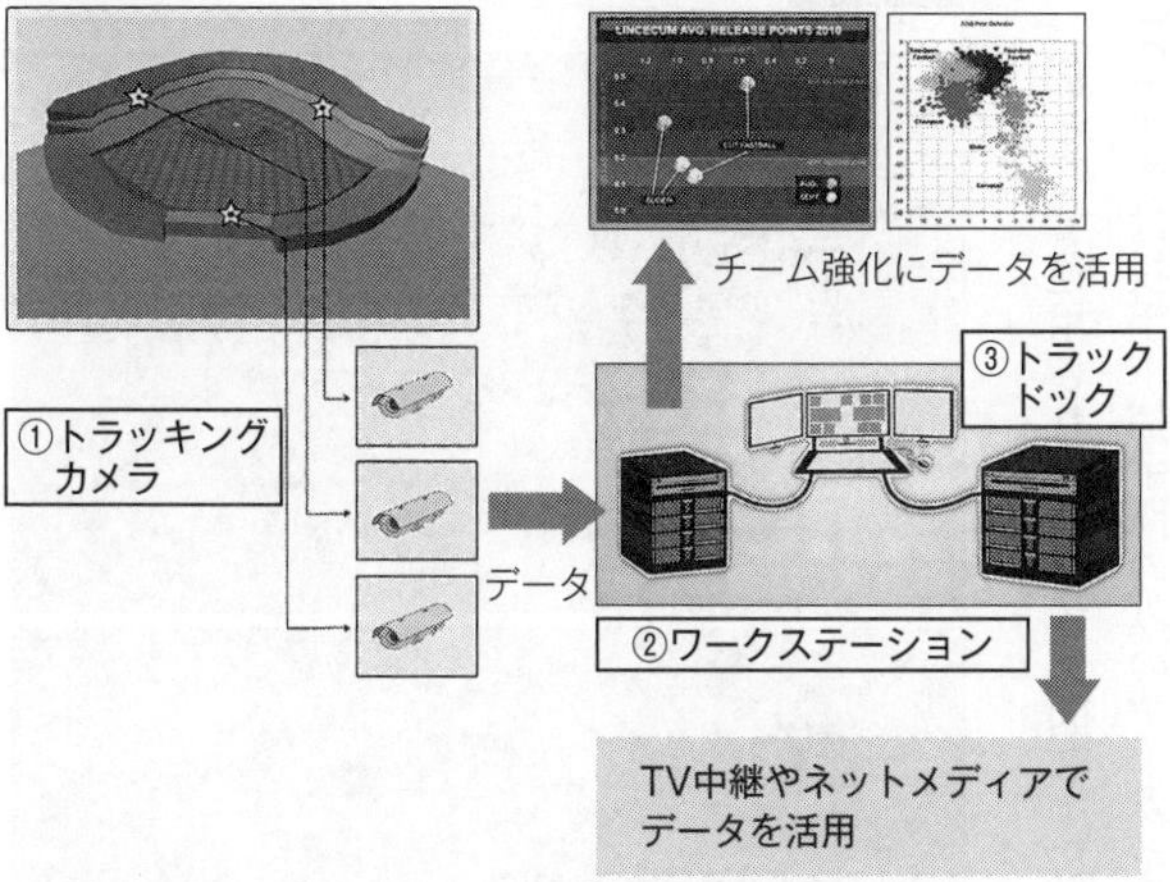

ヨン内のコンピューターがリアルタイムに解析・データ化する仕組みになっています。詳しくは図3－16を見てください。

このシステムにより、リリースポイントから、ホームプレートを通過するまでの間の投球の変化量や曲がり幅、回転量といったこれまで収集できなかった客観的データの収集が可能になりました。データはメジャー全30チームで共有され、各チームは投手・打者の分析のみならず、選手のトレードや契約交渉時の客観的データとしても活用しています。また、試合中継やMLB.comなどのインターネットメディアにおける立体的なグラフィックコンテンツとしてもPITCHf/xデータが広く活用されています。

図3－17 HITf/xとCOMMANDf/xのイメージ図
（Sportvision提供）

Sportvision は PITCHf/x の技術を応用し、打球の初速や、垂直・平行方向の打球角度などのデータを収集する「HITf/x」を２００９年に、投手のコントロールや捕手のキャッチングに関するデータを収集する「COMMANDf/x」を２０１０年に、次々と開発しています。

HITf/x, COMMANDf/x は、現在、PITCHf/x システムの一部として運用されています（図3－17）。

PITCHf/x は投手－捕手間のみのデータを収集しているのですが、グラウンド上の全選手の守備、走塁、打球、送球等のあらゆるデータを収集する「FIELDf/x」システムの開発も進めており、さらなる野球の分析・解析や、新たな観戦方法といった分野での活用が期待されています。

PITCHf/xシステムで収集できるデータとは

では、PITCHf/xでは具体的にどのようなことが分かるのでしょうか。収集可能なデータを図3-18にまとめてあります。

PITCHf/xで収集できるデータは主に「投球データ」「打球データ（HITf/x）」「コマンドのデータ（COMMANDf/x）」の3種類に分かれます。投球データでは投手のリリースポイントや投球到達位置といった「座標」、初速や終速といった「速度」、どのくらい変化したのかを表す「回転・変化量」を取得することができます。打球データではミートポイント、打球の速度、打球の角度の三つ。また、コマンドのデータではどのくらい捕手の構えた所に投げられているかを収集できます。

コマンドとは狙ったところに正確に投げられる能力のことです。投手の能力に「コントロ

図3－18 PITCHf/xシステムで取得できる主なデータ

投球系（PITCHf/x）		
座　標	速　度	回転・変化量
リリースポイントxz	投球の初速	投球の変化量xz
投球座標xz	投球の終速	投球の回転角度xz
ストライクゾーンz	投球の初速xyz	投球の回転量xz
	投球の加速度xyz	

打球系（HITf/x）	
座　標	速度・角度
ミートポイントxyz	打球の初速
	打球の上下角度
	打球の左右角度

制球系（COMMANDf/x）
座　標
捕手構えxz
捕手捕球位置xz

＊太字は手動で取得する項目

ールの良さ」がありますが、コマンドはその中でもピンポイントのコントロールを表す場合に使われます。打球データとコマンドのデータもPITCHf/xシステムで収集されるのですが、打球データの部分を「HITf/x」と呼び、コマンドのデータの部分を「COMMANDf/x」と呼びます。PITCHf/xシステムは投球のデータだけでなく、打者の打球速度や角度、捕手のミットの動きなども収集することが可能となっているのです。

変化量の考え方

さて、PITCHf/xの投球データでは最も特徴的であり、座談会で何度も話に上った投球の変化量についての考え方を一度まとめておきましょう。

図3－19　右投手の変化量

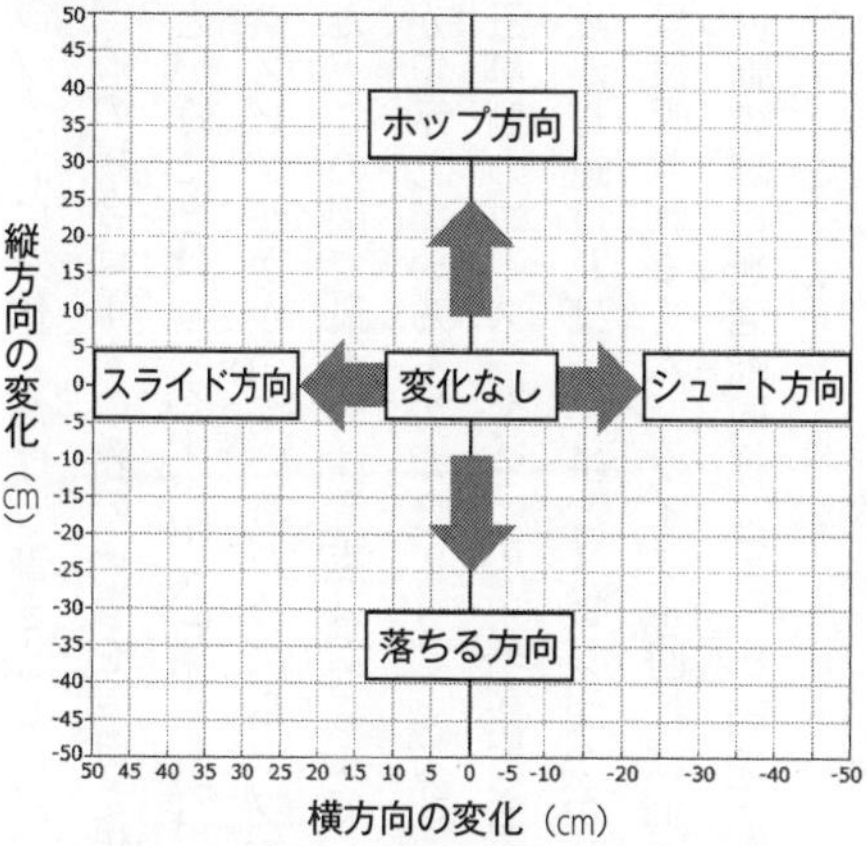

＊右投手の変化（左投手はスライド方向とシュート方向が逆になる）

図3－19は右投手の変化量がどのように表されるのかを簡易的に示したグラフです。上下は縦方向の変化量を示しており、原点（0,0）より点が上にプロットされれば「ホップ方向」に変化した球であり、点が下にプロットされれば「落ちる方向」に変化した球となります。左右は横方向の変化量を示しており、左は「スライド方向」、右は「シュート方向」に変化した投球であったことを示します。左投手の場合は左右が反対になります。

ホップ方向に変化した球と書きましたが、もちろん実際に球が浮き上がるわけではありません。この場合は重力のみの影響を受けた場合を（0,0）としているため、ホップ方向に変化するということは「（オーバースローで投げたとき）重力のみに影響を受けた球に比べると、バックスピンがかかっているためにホップ方向へ変化した」というような意味になります。

また、この図で最大の注意点はあくまでも投球が投じられた方向に対してどのくらい変化したかを示しているものだということです。つまり、配球図のように左が一塁側のコース、右が三塁側のコース、（0,0）がど真ん中を表すものではないということです。

原点から遠ければ遠いほどスピンがかかった球であることを示しますが、ライフル回転の成分は反映されません。ライフル回転は上下左右どの方向にも変化しないため、完全なライフル回転の球は無回転同様（0,0）に到達することになります。

変化量の考え方は一見分かりにくいですが、一度覚えると投手を見る目が変わります。次の座談会の第2部では、変化量を基にメジャーリーガーのストレートを分類してみました。これからは投手の球速だけに一喜一憂する時代ではなく、変化量にうなる時代にしたい。そんな思いが込められています。

野球の新テクノロジー「トラッキングシステム」をあれこれ語る座談会

パートⅡ　「ストレートを変化量で分類してみると」

「ホップ型」の投手とは？

金沢　パートⅠでは PITCHf/x のデータを基にしてさまざまな投手の変化量をざっと見ていったわけですが、神事先生がおっしゃっているようにストレートはほとんどシュートしていて、しかもいろいろなタイプがあるということでした。大きく分けると、藤川投手のようなシュート方向が少なくホップ方向に大きく曲がるタイプ、岩隈投手のようなシュート方向の変化が大きいタイプ、あとストレートが垂れるタイプという話でした。

神事　そうですね。それに加えて平均的なストレートを投げる投手、あとはライフル回転が強いためにシュートしないタイプも稀にいますから、五つの分類ができると思います。

金沢　このようなストレートの分類って、何か名前が付いていたりするんですか。

神事　いや、ないでしょう。早いもの勝ちなので、名前をつけちゃいましょうか（笑）。

キビタ　そうすると、まず藤川投手のような「シュート方向への変化が少なく、ホップ方向に大きく曲がるタイプ」はどんな名前がいいですかね。

神事　「ホップ型」でいいのではないでしょうか。

金沢　「ホップ型」はシンプルでいいですね。日本人メジャーリーガーでの代表格は藤川投手、上原浩治投手（ボストン・レッドソックス）、岡島投手あたりになるかと思いますが、神事先生、「ホップ型」の特徴をもう一度うかがっても良いでしょうか。

神事　「ホップ型」を一般的な表現にするならば、変化量が多く「ノビ」があり、球種の軸が縦のため「キレ」もあるという二つの要素を兼ね備えた、空振りを取りやすいストレートです。変化量のプロットで表すと図3－20のような位置に来ます。

キビタ　「ノビ」と「キレ」について、もう一度くわしく説明していただけますか。

神事　前提として、「ノビ」も「キレ」も感覚的な言葉であり、今回はあくまでもイメージをつかみやすくするために定義したものだと考えてください。ではまず「ノビ」について。ストレートの回転数は球速次第で、ある程度決まることが分かっています。これは速いボールを投げようとすると遠心力が大きくなり、それを制御するためにリリース時に指先で回転を加える力が大きくなるためです。「ホップ型」の投手は一般的な投手に比べると「球速の割には回転数が多いストレート」になりますので、変化量が大きくなり、いわゆる「ノビ」のある球を投げるタイプといえます。

「キレ」は、先ほども言いましたが、球種の軸が縦のタイプのストレートかどうか、ということになります。「ホップ型」のストレートは変化量が大きいだけでなく、シュート方向にもあまり曲がらないので、まさにキレのあるストレートを投げるタイプといえます。

金沢　空振りを奪いやすい、いわゆる理想的なストレートということですね。このタイプのピッチャーの特徴はどのようなも

図3－20「ホップ型」のストレート

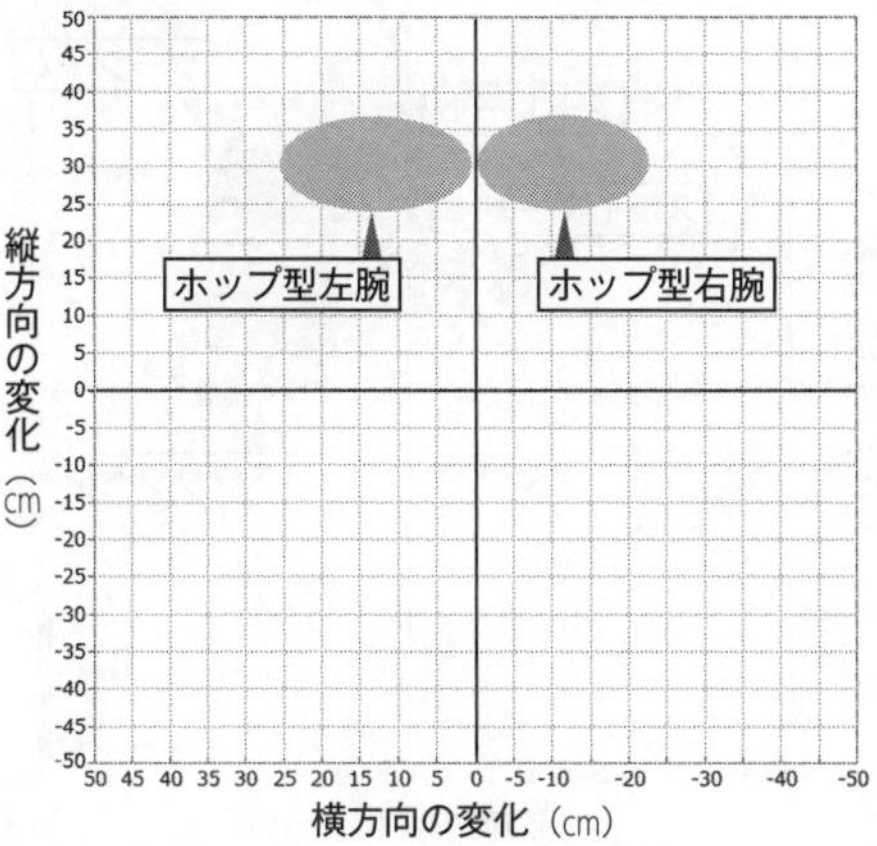

図3－21　上原浩治：右投手

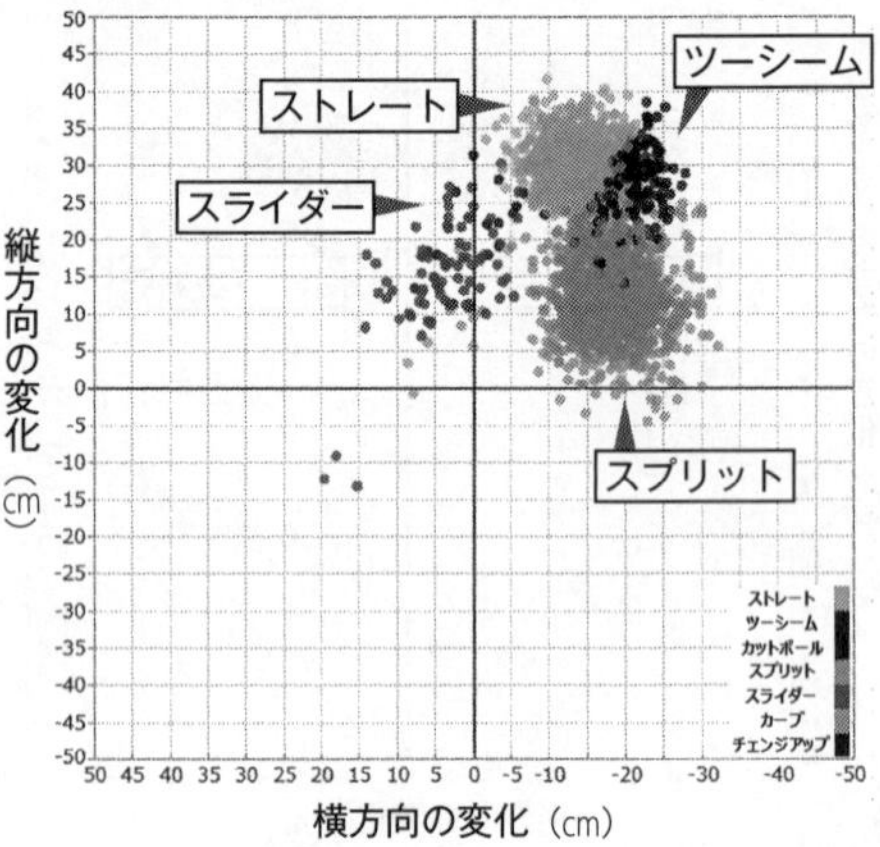

のでしょうか。

神事　フォームの特徴としては、身体を倒して投げる人が多いということです。真上からボールをリリースするので、横の曲がりを求めるような変化球は投げにくいという欠点もありまして、投げられる球種はかなり決まってくると思います。

金沢　確かに変化球は曲がる系ならスライダーよりカーブ、あるいはフォーク、チェンジアップなどの落ちる系を操る投手が多いですね。

神事　腕の振りが縦だから、「ホップ型」は横の変化があまり得意ではないんです。

キビタ　藤川投手や岡島投手はスライダーよりカーブが得意ですし、**図3－21**にあるように上原投手はストレートとスプリットがメイン。いずれにしても、縦変化で勝負するタイプですね。

金沢　最近アマチュアの投手を見るときにトラッキングデータがあればどのようなタイプになるかを考えているのですが、高校生でストレートと縦のカーブが主体だったりすると、ストレートはおそらく「ホップ型」だろうなぁと想像します。日本人メジャーリーガーでは和田投手も「ホップ型」に分類できそうですけど、高校時代の映像を見ると、今以上に真上からリリースしています。

キビタ　（岡島投手風のリリースをジェスチャーして）こうでしたよね？

金沢　そんな感じです（笑）。今よりもかなり上から投げている印象で、１９９７年や98年の甲子園をリアルタイムで見ていたときはそんなことを思わなかったですけど、今考えればあれは打ちにくいだろうなと。和田投手はどちらかというと「球速はないがリリースが見えにくい」という注目のされ方だった気がしますけど、当時から球の変化量も一般的なストレートと全然違ったのでしょうね。

なぜ、日本人は「ホップ型」の先発投手が少ないのか

神事　ホップ型のピッチャーは三振がよくとれるので、セイバーメトリクスの指標でも良い評価になるわけですよね。

金沢　そうですね。第2章でも紹介しましたが、投手のみの力でアウトを取ることができるので、三振が取れる投手は高く評価されます。

神事　となると、やはり究極のピッチャーの形であると言えると思います。その分、この人たちの給料は高くなる（笑）。

キビタ　極端な話、ストレートとスプリットだけとか、球種が少なくてもそれだけで行けるというタイプですよね。あまり駆け引きは関係ないというか、素材だけで勝負できる。コントロールさえ間違えなければ打ち取れる確率が高い。

金沢　ただ、日本の場合、先発ピッチャーにはこのタイプは少ないですよね。

キビタ　おそらく、先発ピッチャーだと「ヤマを張る」みたいな行為である程度対応できてしまうんではないでしょうか。例えば、チームオーダーで「今日はもうストレートオン

リーで行こう」と決めると、バッター９人のうち半分くらいはバットに当てられるでしょうし、そうすると割と攻略できてしまう。しかし、リリーフの場合だと、対戦する打者が少ないので、そういうことができない。

金沢　「ホップ型」は少し回転量が落ちると長打を打たれる危険性が高いので、長いイニングを投げる先発よりはリリーフ向きかもしれないですね。ただ、日本にはあまり、こういうピッチャーを育てる環境がないという話もあるみたいですが。

神事　そうなんです。私は、子供のときに「投手は９人目の野手である」ということを重視し過ぎるのが良くないと思っています。「ホップ型」のピッチャーはボールを真上でリリースするので、どうしてもリリース後は身体が流れやすい。投げ終わったあとに、しっかり守備姿勢を取らなきゃいけないという点を重視すると、「ホップ型」のピッチャーは量産されなくなってしまうんです。だからメジャーリーグから輸入してくることになるんですよね。

キビタ　日本の野球界では確かに投手の守備を、過剰に重要視するということはあるかもしれません。

金沢　興味深い話です。確かに「投手は９人目の野手である」ということも重要と言えば重要ですが……。

神事　三振がとれれば別にいいわけですからね。

究極のストレートだが、「飛翔」に注意！

金沢　「ホップ型」の弱点についても考えてみましょうか。投手として究極の形ではあるのでしょうけど、生命線のストレートに回転をかけられなくなってきたときにもろさを見せるということですね。

神事　ええ、そこが難しいところです。「ホップ型」のストレートはバットの上を通過して空振りを奪えるので、バットに当たる場合は球の下側をこすってフライになることが多い。どちらかといえばゴロよりフライを打たれることが多いので、何らかの理由で回転をかけられなくなると、ホームランを打たれやすくなるのです。

金沢　ホームランを打たれやすい。つまり打球が「飛翔する」タイプだということですね。「ホップ型」のストレートを武器にするピッチャーは、年齢とともにボールを飛ばされやすくなるもろさを秘めている。

神事　リリースの特性上、横に変化する球が投げにくいので、ストレートが使えなくなってきたときにモデルチェンジしにくいという弱点もあります。

キビタ　ちなみに過去の日本人メジャーリーガーも含めると、「ホップ型」で分かりやすいのは野茂英雄投手（ロサンゼルス・ドジャースなど）ですよね。

金沢　ストレートとフォーク、加えて少しカーブがあったかと思いますので、おそらくそうでしょうね。ホップ型の先発タイプという貴重な日本人投手でしたね。

神事　実際にデータは取っていませんが、私もそうだと思います。

ストレートが垂れるタイプ

金沢　それでは、次のタイプに話を移しましょう。「ホップ型」とは反対に、「思ったほど球が来ない」と表現されるタイプのストレートですね。名前はどうしましょう？

神事　最近、ストレートが垂れるのを、「真っすぐ」ではなく「真っ垂れ」と言ったりしますが（笑）。

キビタ　「マッタレ!?」いいですねぇ～（笑）。

金沢　少年野球のピッチャーが「お前の真っすぐ、真っすぐじゃなくて真っ垂れだな」っていわれたら……。

神事　それは喜ぶべきことですよ。

キビタ　今までなら全面的に悪しき言葉ですよね。「お前のボールは伸びないんだよ！」っていう。それが実は武器だったわけですか。

「真っ垂れ型」の投手は？

金沢　それでは、「ホップ型」に対抗して「真っ垂れ型」ということでいきましょう。「真っ垂れ型」の例を日本人メジャーリーガーで探したのですが、過去3年間では残念ながらいませんでした。パートⅠに登場したカイケル投手はこのタイプですが、他に日本でなじみのある投手ですと、シアトル・マリナーズのフェリックス・ヘルナンデス投手と現オリックスのブランドン・ディクソン投手。この辺りが代表格ですか。

神事　ヘルナンデス投手とディクソン投手は同じタイプということで違和感はないです。図3-22で示しているように、「真っ垂れ型」はシュート方向の変化は「ホップ型」と大

図3－22「真っ垂れ型」のストレート

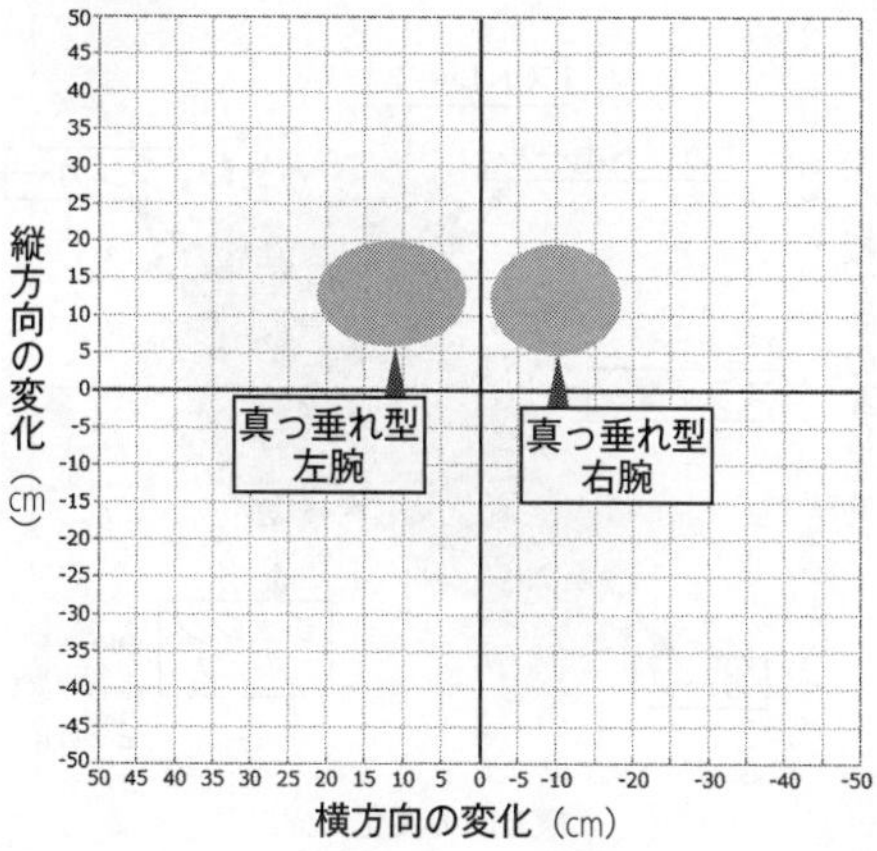

差ありませんが、思ったよりも変化が下に来ます。「来た！」と思って打ちに行くと、ボールの上を叩くことになるので内野ゴロが多くなるタイプです。球速に見合った変化量がない、すなわちストレートに「ノビ」がないということで、適正に評価されていない面もありますね。

金沢　いわゆるゴロピッチャーが多いですよね。ディクソン投手は日本でもゴロ割合が高いですし、実はチームへの貢献度が高い。「ホップ型」の投手ほどではないかもしれませんが、セイバーメトリクスで評価されるタイプですね。

キビタ　図3－23のヘルナンデス投手はあまり日本では見られないタイプなので、確かに特殊だと思います。というのは、映像を見るとカットボールが浮き上がっているように見える。これはすごいなと思

図3－23　ヘルナンデス：右投手

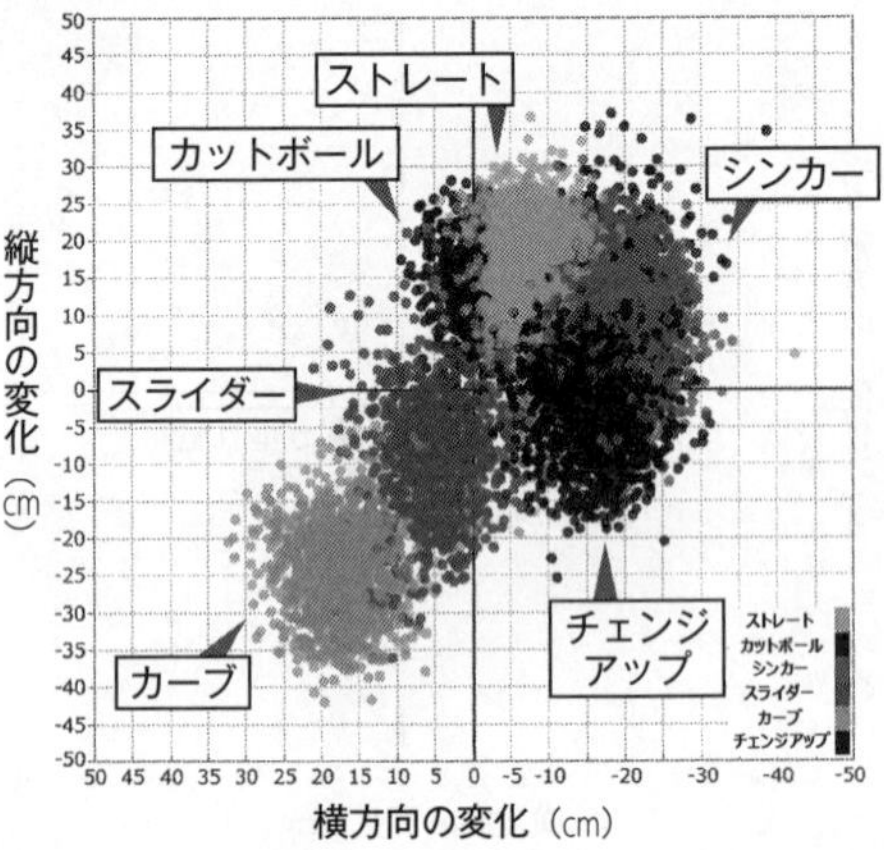

っていて今回このヘルナンデス投手の変化量を見たら、まさにストレートと縦の変化量が一緒なんですよね。普通はストレートがもっと伸びて、カットボールはもっと垂れるという感じですが、両方の変化量が同じレベルになっている。

金沢　PITCHf/x は自動的に球種を分類しているので、カットボールとストレートの境目が今の分け方で本当にいいのか、という気持ちもあるのですが、この分類ではヘルナンデス投手の場合はストレートとカットボールの縦変化がそれほど変わりません。投げ方としては、「真っ垂れ型」はリリース時に強く指で弾かずに押し出す、もしくはライフル回転気味に投げているようです。

キビタ　投手本人の意識としては真っすぐのつもりで投げているのですか？

神事　意識的にカット気味にすることもあると思いますが、真っすぐのつもりのときもありますね。ボールが勝手に垂れてしまう……。

キビタ　ヘルナンデス投手の奪空振り集の動画でストレートを見たんですけど、明らかに球が落ちているので面白かったです。一生懸命投げているのにボールが来ない、みたいな感じで（笑）。すごいギャップ。今日この話を聞く前からいつも思っていたんです。どうして、あんなにボールが来ないんだろうって。昔からいわれる「お辞儀している」という感じの球ですね。

神事　「ホップ型」も「真っ垂れ型」もそうですが、ストレートの平均的な変化量からズレていることが重要なんです。「ホップ型」だと思ったより上に変化してくるから空振りになったりフライになったりする。「真っ垂れ型」は下に変化するからゴロが増える。そういうメカニズムです。

金沢　ちなみに先ほど紹介したリベラ投手もストレートは「真っ垂れ型」です。だけど、カットボールはストレートより上方向への変化が大きい。

キビタ　いやー、リベラ投手は右の上手から投げているのにストレートよりもカットボールの方がホップ方向に変化しているというわけですか（笑）。

金沢　ストレートが「真っ垂れ」だったことで、カットボールがより「魔球」に見えたのかもしれませんね。

「ホップ型」と「真っ垂れ型」、どちらを育成すべき?

キビタ　今の野球事情では全盛期の藤川投手のように「ホップ方向への変化が大きいストレートこそが、いいストレート」という認識がとても強いわけですが、こういうデータが広く知られるようになると、「真っ垂れ」のストレートの評価が今後高くなっていく可能性はありますね。でも、どうなんでしょう。小さい頃から「真っ垂れ」を投げる投手というのは、直すべきなのかそのまま続ければいいのか。

神事　「ホップ型」だった投手を「真っ垂れ型」にすることはある程度は可能です。回転数を減らすか、ライフル回転で投げればいいわけですから。少しカットボール気味にライフル回転をかければ、ボールは垂れてきます。

キビタ　なるほど。力が衰えた時にストレートの球質を変えることはできるんですね。

神事　はい。「ホップ型」のストレートが投げられなくなったら、「じゃあライフル回転でいきましょう」ということで、ストレートをカットボール気味に投げさせることはあります。

金沢　逆に、垂れるタイプをホップに変えることはできない？

神事　ライフル回転の投手に関しては、「ホップ型」に矯正させることは可能です。しかし、回転数が少ない投手はプッシュしてリリースしているので、腕の振りそのものを変えなくてはいけません。その意味では、若いときはできるならバックスピンで投げましょうというのが正しい方向性でしょうね。もちろん「真っ垂れ」も武器にはなりますが、最初から目指す必要はないと思います。

キビタ　要するに逃げ道の問題で、バックスピンが投げられる人は投げておけば、ある程度は垂れさせることができる。しかも、給料もバックスピンの方が高い（笑）。

金沢　確かに「真っ垂れ型」は過小評価されているかもしれませんが、希少価値が高いのはやはり「ホップ型」のほうでしょうね。

キビタ　この辺りは歴史が証明していますよね。若い頃は速球派でならしていたピッチャーが故障などが原因で、途中から技巧派になっていくケースをよく見てきました。それは流れとして正しい選択だったわけですね。

岩隈のストレートは「サイドスロー型」

金沢　さて、次は岩隈投手のようなストレートのタイプに名前をつけましょうか。神事先生、先ほどのヘルナンデス投手やディクソン投手の「真っ垂れ」とは違うんですよね。

神事　はい。岩隈投手はヘルナンデス投手とは違いますね。ヘルナンデス投手はシュート方向への変化が小さいのですが、岩隈投手は垂れるというよりは大きくシュートしています。回転量自体は少なくないのですが、変化の方向が縦ではなく横に大きいタイプです。

金沢　なるほど。ストレートはすべてシュートしているという話ですので、シュート型という名前だと物足りないですね。もはやサイドスローという意味で「サイドスロー型」にしておきましょうか。

神事　そうしましょう。シュート方向に大きく変化する投手にもホップするタイプや垂れるタイプがいますけど、それらをひっくるめて「サイドスロー型」にしてしまいましょう。

金沢　はい。このタイプの投手はあまり多くないので、これ以上分けると細かすぎるかなと

図3－24 「サイドスロー型」のストレート

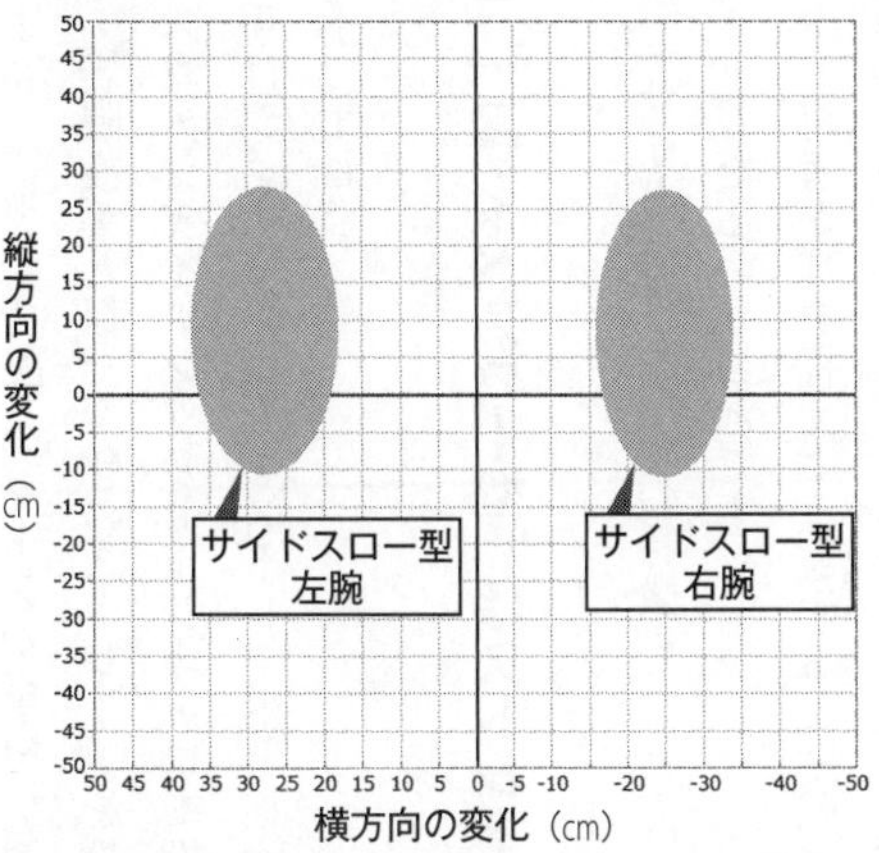

図3－25 ロモ：右投手

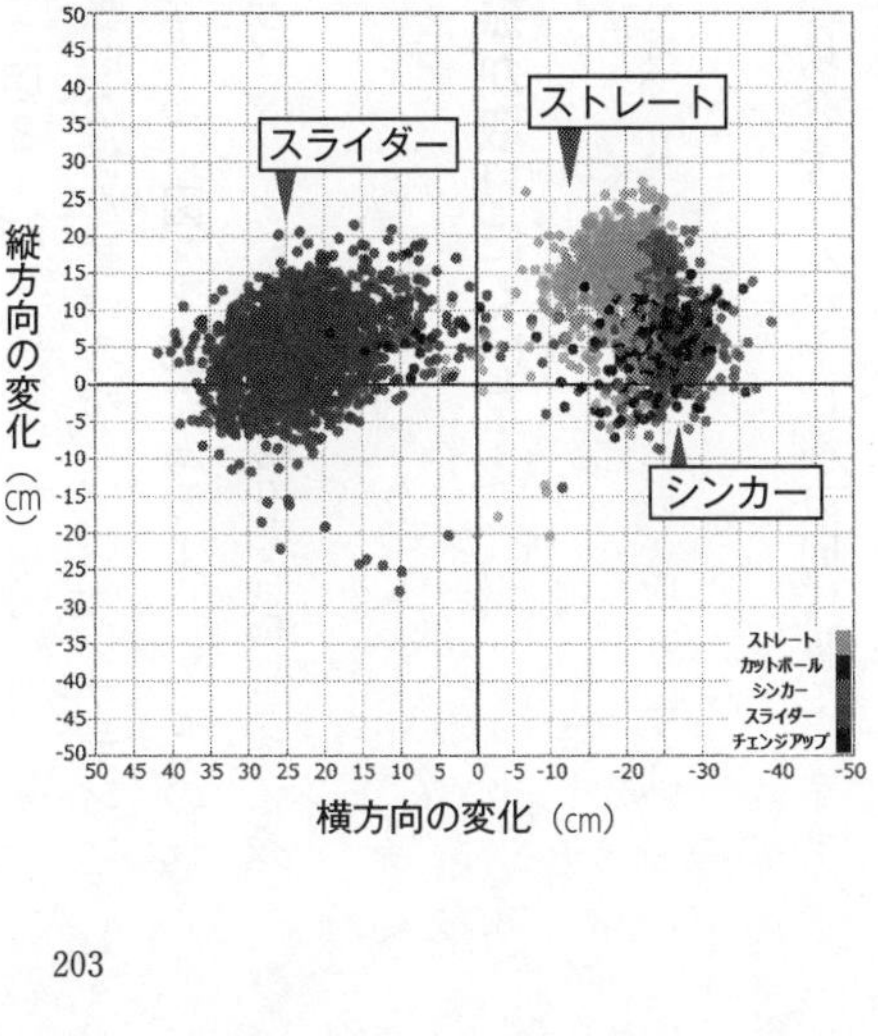

思います。日本でも活躍した林昌勇《イムチャンヨン》投手（元シカゴ・カブス）のようなサイドハンドもこのタイプに含むということでいいですね。

キビタ　岩隈投手を見ても分かりますけど、このタイプは横の変化で勝負している感じですよね。「横変化０」のゾーンが空白になっている（図３－24）。

金沢　岩隈投手と似た変化のストレートを投げる代表的な例を挙げるならば、サンフランシスコ・ジャイアンツのセルジオ・ロモ投手でしょうか。図３－25にあるように、この投手はシュートのようなストレートと横滑りのスライダーという横の変化を武器とする投手ですね。

「サイドスロー型」はストレートで三振が取りにくい？

神事　「サイドスロー型」の特徴を一つ挙げるとすれば、ストレートで三振が取りにくいフォームだということです。

キビタ　打者が球を捉えようとするとき、どのような場合でもバットは横方向に寝ていますから、いくら大きくシュート方向に変化しても空振りにはなりにくいということでしょうか。

神事　そうです。だから内野ゴロであったり、空振りをとるよりも芯を外すという傾向にあります。ただ、又吉克樹《またよしかつき》投手（中日）は２０１４年に三振をすごく取っていましたよね。

あれを見ていると、最後の最後で縦の回転を与えるような動作が入っている気がします。通常のサイドスローよりもホップ方向に変化しているのではないかな、とも思いますが。

キビタ　そういう投手は、よく「(腕の振りはサイドでも) 手首は立っている」と言われますね。

金沢　メジャーの投手でいうと、例えばベテラン右サイドハンドのダレン・オデイ投手（ボルティモア・オリオールズ）は、一般的な「サイドスロー型」に比べてストレートの変化量が少ないんですよね。ただ、オデイ投手の回転をかける力が弱いかというと話は違うのではないかと思っています。推測ですが、PITCHf/x ではライフル回転のデータが取れないという問題が絡んでいる気がしています。つまりオデイ投手はサイドハンドからややカットボール気味に引っかけるように投げているのではないかなと。ライフル回転の成分が大きいため、結果的に (0,0) に近くなり、シュート方向への変化量が小さくなっているのではないかと思っています。

神事　なるほど。その可能性はありますね。

金沢　オデイ投手は2014年の成績が68回2／3で奪三振が73ですから、奪三振率の高い方です。サイドスローでもある程度三振が取れるピッチャーになると、オデイ投手のようにややライフル回転気味にリリースし、シュート方向の変化が少ないストレートを投げているのではないかと思います。

キビタ 普通のサイドスローを見慣れているバッターにとっては、よりスライドしているように見えるかもしれないですね。

金沢 そんな感じだと思います。今回はシュート方向に大きく変化するストレートを「サイドスロー型」としてまとめてみましたが、アンダースローのストレートやオデイ投手のようなタイプに関しては本来分けるべきかなとも思っています。

さて、ここまで散々「ストレートはシュートする」という話をしているんですが、稀にストレートがほとんどシュートしない投手もいるそうですね？

「真っスラ型」という希少なストレート

神事 冒頭でも紹介したようにかなり稀ですが、プロから小学生まで500人以上のデータを収集して3人、そういうタイプがいます。このタイプはいわゆる「真っスラ」と呼ばれるストレートで、シュート方向への変化がほぼゼロなんです。

キビタ　シュート方向への変化がゼロ。「真っスラ」という言葉なのですが、スライド方向に曲がっているわけではないんですね？

神事　ほとんど曲がっていないです。横方向の変化はゼロで、ホップ方向に変化する球になります（図3-26）。

金沢　メジャーの投手で代表的な例はソニー・グレイというオークランド・アスレチックスの先発投手です。図3-27にあるように、ストレートの横変化はほぼゼロです。

神事　この変化量はもはやカットボールですよね。メジャーリーグの投手でもこのタイプは希少なんですよね？

金沢　確かに珍しいんですけど、右投手の場合は神事先生がおっしゃっているような「数百人に１人」のレベルではないですね。しかも、最近このタイプは増えている印象があります。グレイの他にも、ジャレッド・コザート（マイアミ・マーリンズ）など、「真っスラ型」投手はここ数年でデビューした人が多い印象です。一方、左投手でこのタイプはまずいません。

図3－26「真っスラ型」のストレート

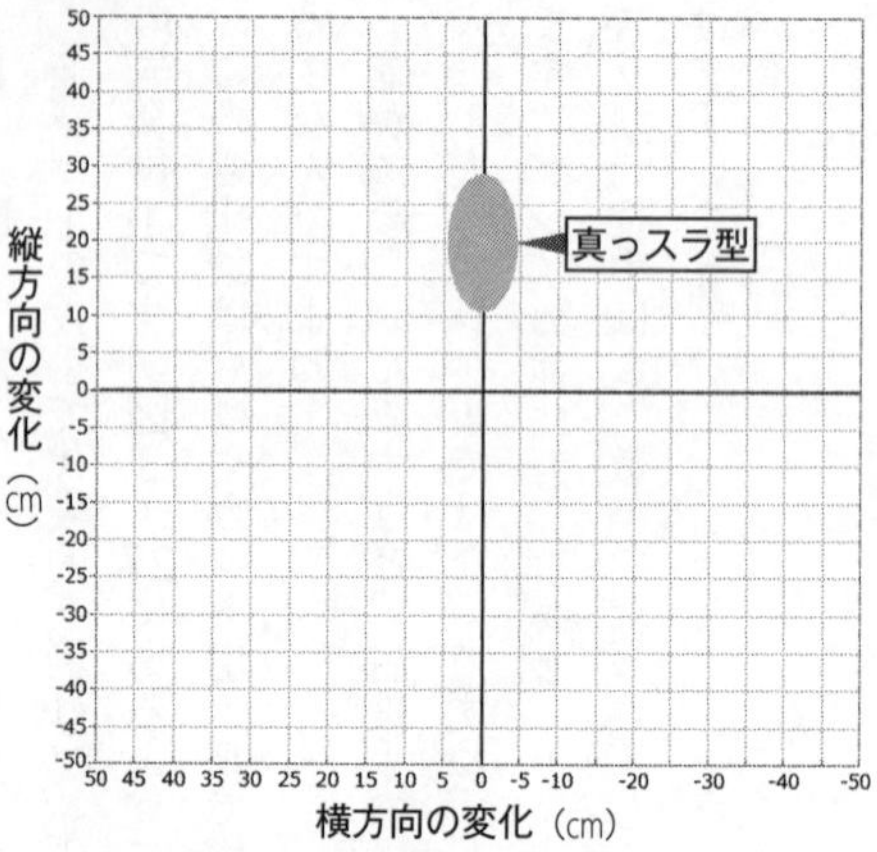

図3－27 グレイ：右投手

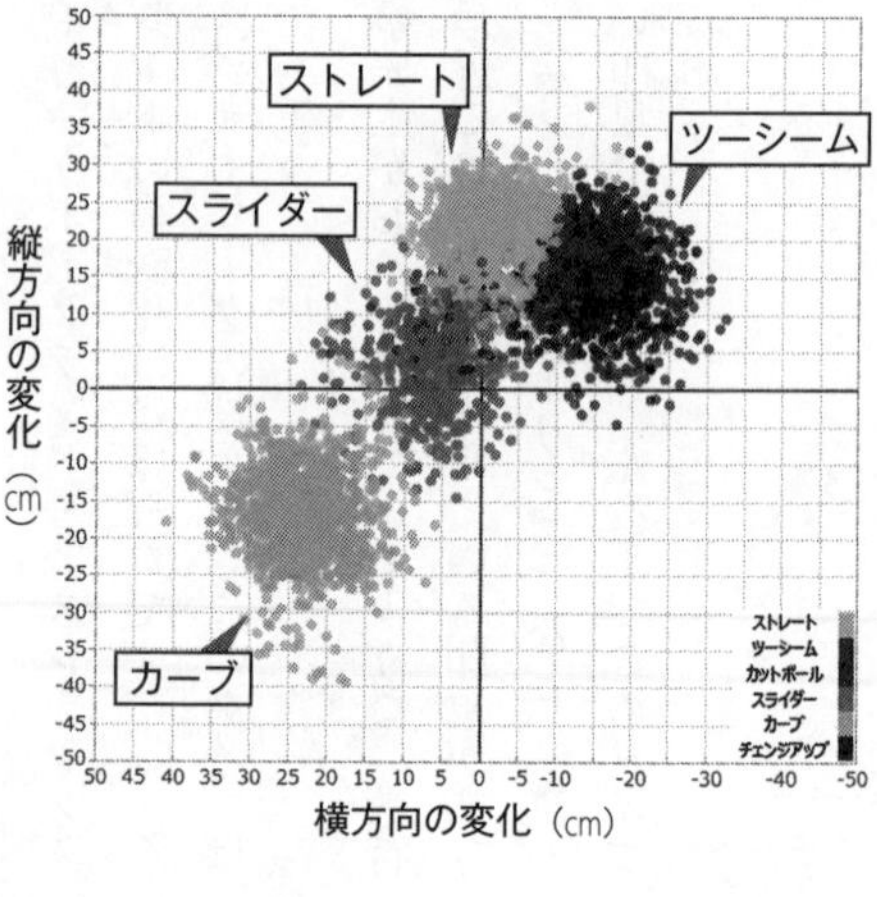

「真っスラ型」は「ノビ」がない

キビタ　素朴な疑問なんですが、シュート方向への変化が小さいストレートとして紹介されていた「ホップ型」とこのタイプはどう違うんでしょうか。例えば岡島投手は真上から投げ下ろすタイプなので、シュート方向への変化は小さいんですよね？

金沢　「ホップ型」と「真っスラ型」は変化量が大きく異なります。岡島投手の場合、平均球速は140キロに満たないですが、30センチほど変化しています。グレイ投手の場合、150キロ程度の球速があるのに変化量は20センチほどとなっています。

神事　グレイ投手の場合、実際の回転量は岡島投手よりも多いんでしょうけど、ライフル回転気味なために変化量は小さいんでしょうね。

金沢　はい。「サイドスロー型」のところでも紹介したように、PITCHf/x では実際の回転量を示しているわけではなく、あくまでもライフル回転の成分を除いて、球の変化に効いている回転量を推定しています。これは PITCHf/x のデータを見る上でややこしいポイントの一つですね。

キビタ　このタイプのストレートはどのような結果を生みやすいんでしょうか？

金沢　変化量が小さく、「ノビ」がない球ですから「真っ垂れ型」のようにゴロが多くなる傾向にあります。ただ「真っ垂れ型」に比べるとストレートで空振りを取れるタイプもいますね。これは、シュート方向への変化量が極めて小さいためではないかと考えています。

キビタ　なるほど。

ダルビッシュ、松坂のストレートは「平均型」

金沢　それでは最後のタイプについて、名前を決めていきましょうか。速い遅いは別にして、球速に見合った変化量かつ、ホップ方向、シュート方向への変化の偏りが小さいタイプ。図3-28のようにオーソドックスなストレートを投げる投手です。

神事　「ホップ型」と「真っ垂れ型」の間ですよね。シュート方向にはそれほど変化せず、かつ平均的な曲がり幅のストレート。これは「平均型」でいいかと思います。

金沢　図3-29～3-31にあるように、ここにはダルビッシュ有投手（テキサス・レンジャーズ）、黒田博樹投手（広島）、田中将大投手（ニューヨーク・ヤンキース）が入っているわけですが、ダルビッシュ投手が平均的というのはどう思われますか？　まあストレートに限った話になりますけど。

図3－28「平均型」のストレート

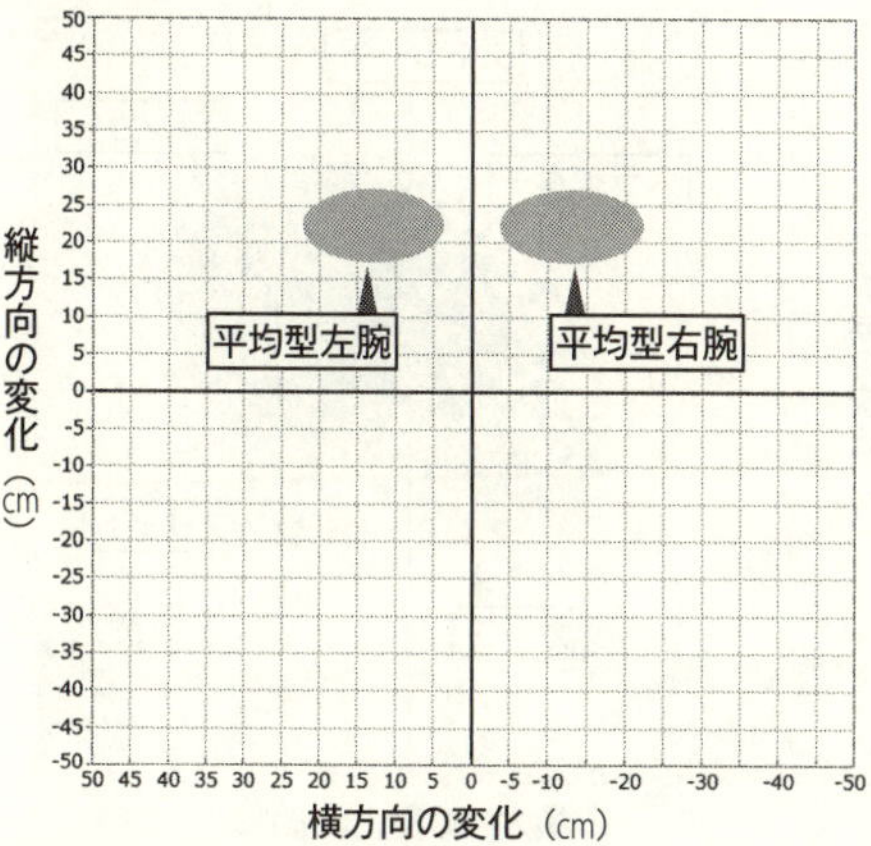

図3－29　ダルビッシュ有：右投手

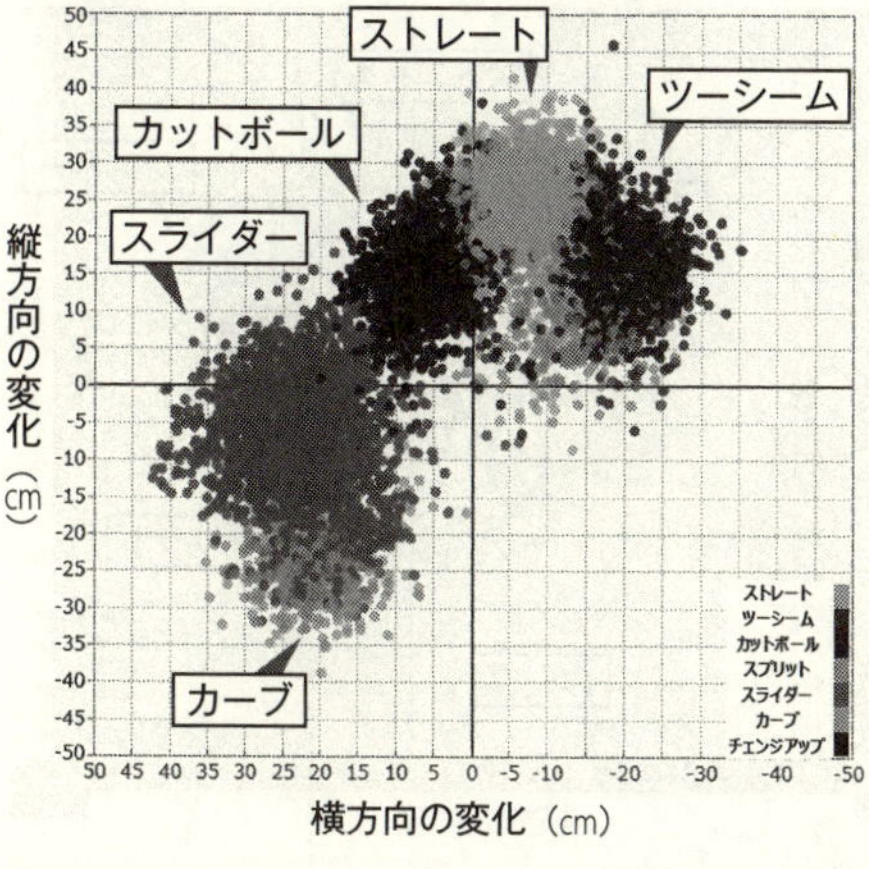

キビタ　感覚的な話として確かにおっしゃるとおりで、ダルビッシュ投手にしても田中投手にしても「ものすごいストレート」で三振を取るタイプではないと思います。たぶん、一般の野球ファンの方も、そういわれてみれば１５０キロとか出ているけど、藤川投手

とは違うという感じを持っているんじゃないでしょうか。

金沢　ダルビッシュ投手の場合は1球1球を見ると「ホップ型」でも良いのではと思うようなプロットもありますが、ならすと「平均型」になります。あとは図3－32の松坂大輔

図3－30　黒田博樹：右投手

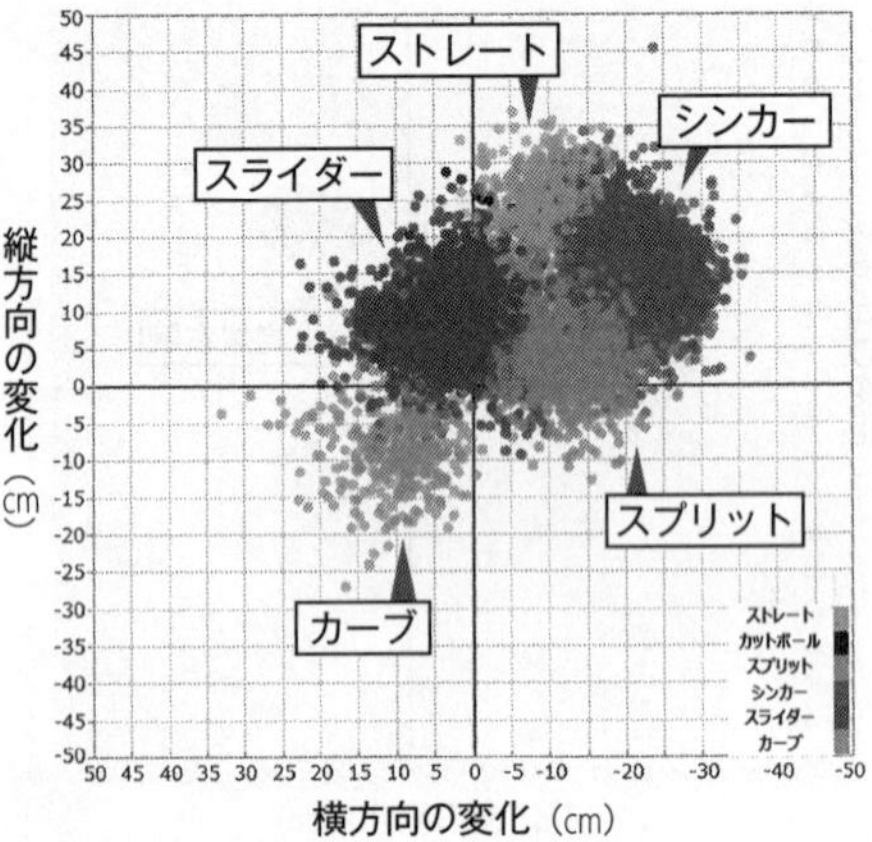

図3－31　田中将大：右投手

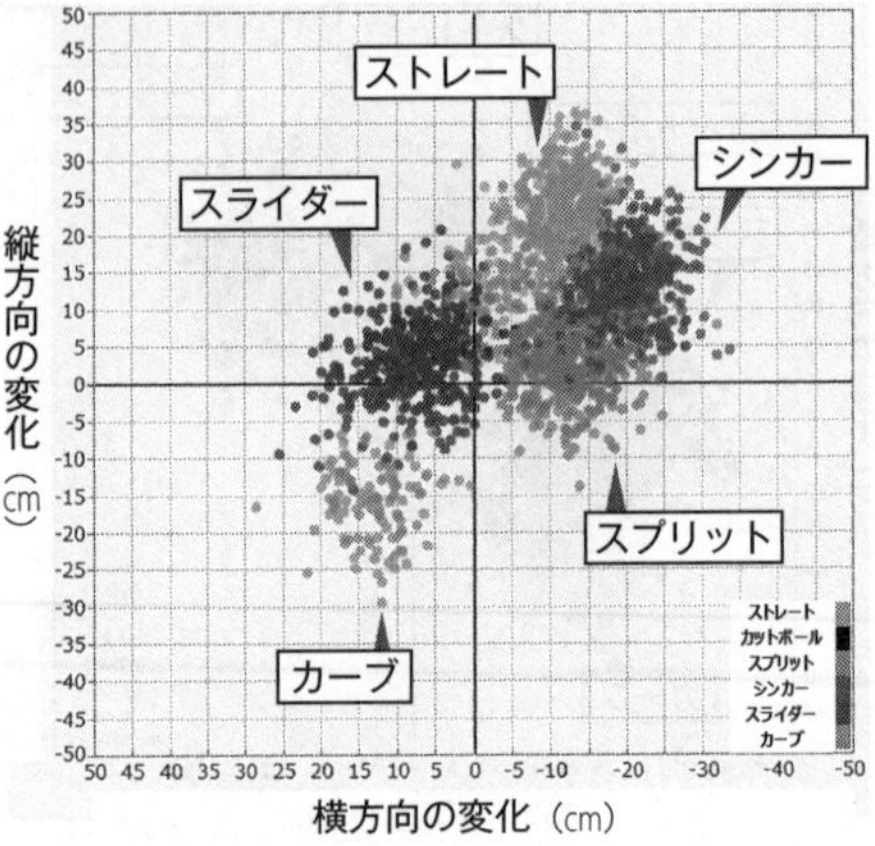

図3－32 松坂大輔：右投手

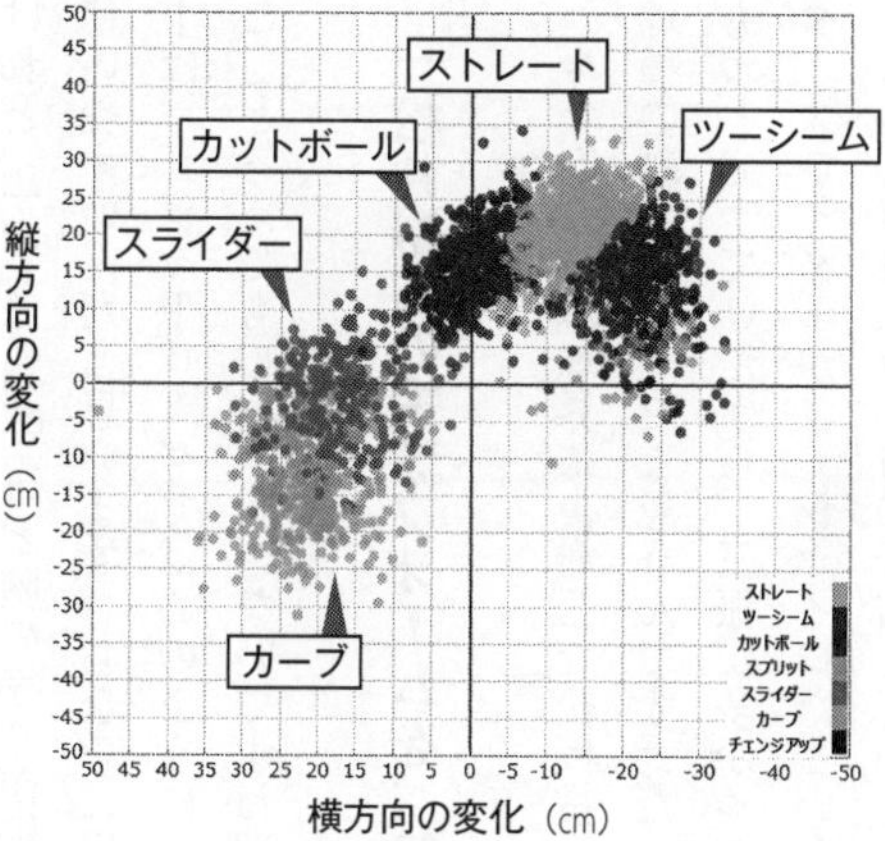

投手（ソフトバンク）もこのタイプですね。

キビタ　ああ、そんな感じですね。

金沢　補足としては「平均型」の中でもそれぞれポジショニングが異なっていて、ダルビッシュ投手は「ホップ型」に近いタイプ、松坂投手はシュート方向への変化が大きく「サイドスロー型」に近いタイプ、田中投手はやや「真っ垂れ型」に近いタイプ。黒田投手はほぼ平均的。もちろん、全試合の全球がそうであるわけではないですが、ならしてみるとそんな感じです。

また、「平均型」で活躍している投手は変化球が多彩です。どの投手もスライダーを軸にカーブ、スプリット、チェンジアップ、シンカーなどを操っています。ストレートが平均的という理由もあるのでしょうけれど、「ホップ型」ほど腕の振りが縦ではないので、横方向へ変化するスライダーを使いやすいんだと思います。ちなみに黒田投手や田中投手の持ち球となっているシンカーは、メジャーリーグではこのように表記されていますが、日本であればツーシームのことと考えてもらって問題ないですね。

松井裕樹の投球フォームを、鏡に映して見てみると……

神事　今年から日本球界に復帰した松坂投手についてですが、彼の場合入団した頃はもっと球種の軸が縦だったと思うんです。だんだん軸が横に寝ていったのですが、昔はこれがもっと立っていたから、三振が多かったのではないか、という印象はあります。

キビタ　スライダーがよくジャイロだといわれていましたし、ストレートに関しても今よりももっと縦軸に近い方に分布していたんでしょうね。

神事　できるなら15年前の松坂投手のリリースの写真と、現在のリリースの写真を比べてみたいですね。そうすれば球種の軸が横に寝始めているのではないかという仮説も検証できますし。昔はフォロースルーの後に右足が一塁側に回っていたじゃないですか。あれ完全に腕が縦振りだからですよね。

金沢　たしかにそうですね。左右が逆ですけど、同じ神奈川県代表として甲子園で騒がれた松井裕樹投手（楽天）とフォロースルーは似ていましたよね。その辺り気になったことがあって、松井投手の投球を鏡越しに見てたことがあるんですけど、やっぱり松坂投手に似ているんですよ（笑）。

神事　本当ですか!?　鏡越しに投手を見ると左投手が右投手に見えるということですか。そんなことまでするなんて、変態ですね（笑）。

金沢　逆に藤川投手を鏡越しに見ると、こんな左ピッチャーはいないんです。強いていえば元ヤクルトの石井弘寿《ひろとし》投手とか、その辺に似ているかもしれませんが。

神事　ああ、なるほど。

金沢　心臓の位置の問題で左利きと右利きでは投球フォームが左右対称にならないと聞いたことがありますが、松井投手に関しては心臓が逆にあるんじゃないかと思うくらい、右ピッチャーっぽいんです。裏返しにしても違和感がない。

神事　金沢さんは、いつもいったい何をしているんですか（笑）。

図3－33 ストレート、5つの型の変化量

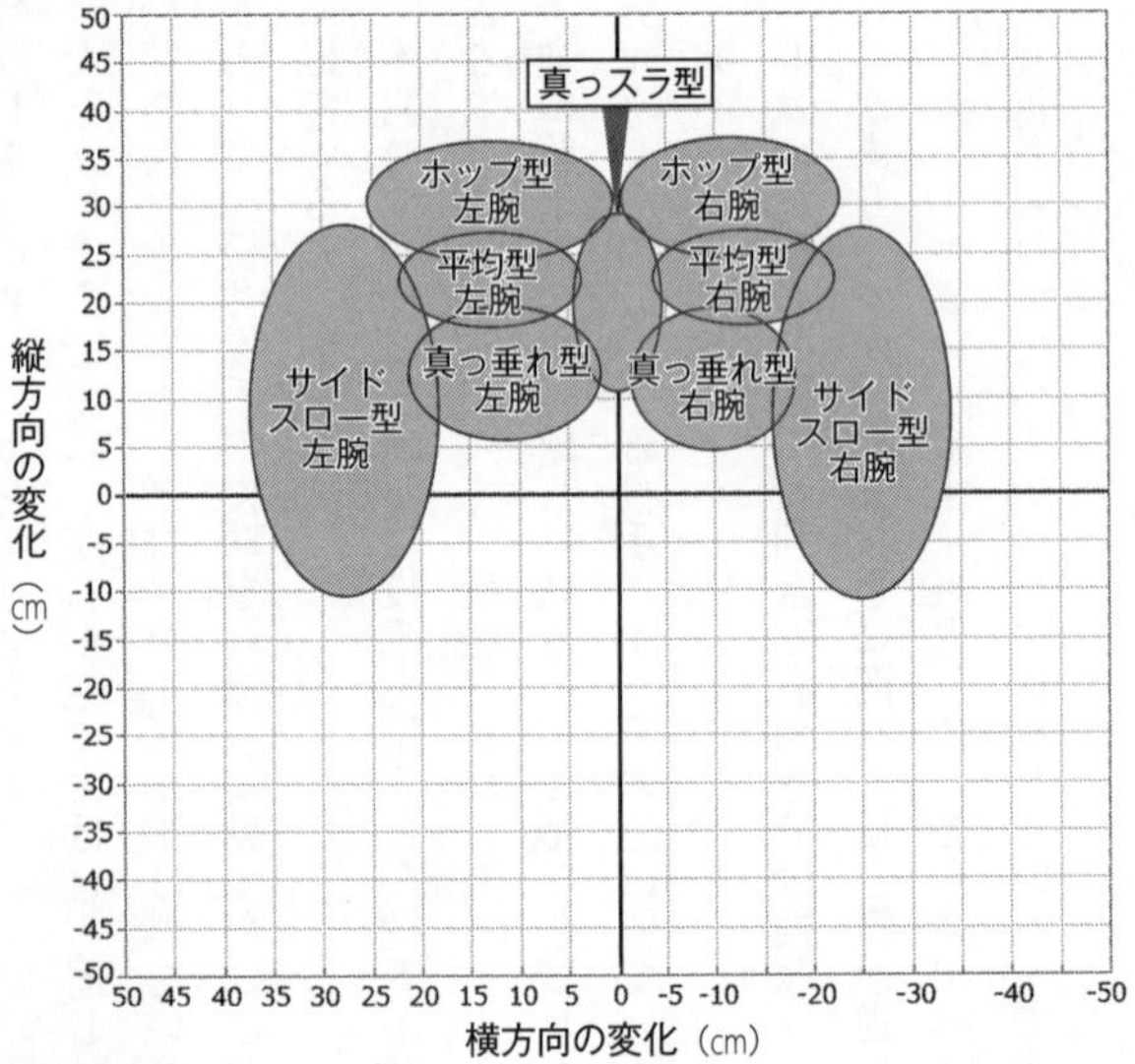

図3－34 ストレートのタイプ分類まとめ

ストレートのタイプ	ホップ型	真っ垂れ型	サイドスロー型	真っスラ型	平均型
変化量	大	小	中～大	小～中	中
ホップ方向の変化量	大	小～中	マイナス～中	中	中
シュート方向の変化量	小～中	小～中	大	ほぼゼロ	小～中
PITCHf/xデータによる代表例	藤川球児 上原浩治 和田 毅 岡島秀樹 バスタルド	カイケル ヘルナンデス ディクソン リベラ	岩隈久志 林 昌勇 オデイ ロモ	グレイ コザート	ダルビッシュ有 田中将大 黒田博樹 松坂大輔

FIELDf/x とは？

ここまでは投球間のデータを収集する PITCHf/x のデータを紹介してきましたが、野球のトラッキングデータはこれだけではありません。ここでは、走者や野手の動きをすべて記録する FIELDf/x を紹介します。

FIELDf/x では走者、野手などグラウンド上にいるすべての人と、ボールの位置を収集できます。どんなイメージになるか、次ページの図を見てみましょう。図3－35は投手が球を投げた瞬間です。このとき、各ポジションの選手がどのようなポジショニングを取っているか、一目で分かりますね。FIELDf/x ではこのような各選手の位置を画像データから収集しています。

次の図3－36を見てみましょう。これは図3－35の約7・5秒後の状態です。打者がライトオーバーの打球を放ち、今まさに二塁に到達しようとしているところを表しています。打者走者の走塁の軌跡や、ライトが打球を追った軌跡、レフトがバックアップに走る軌跡など、グラウンド上で起こっているさまざまな出来事を細かく記録することができます。

図3－35 選手のポジショニング（投球時）

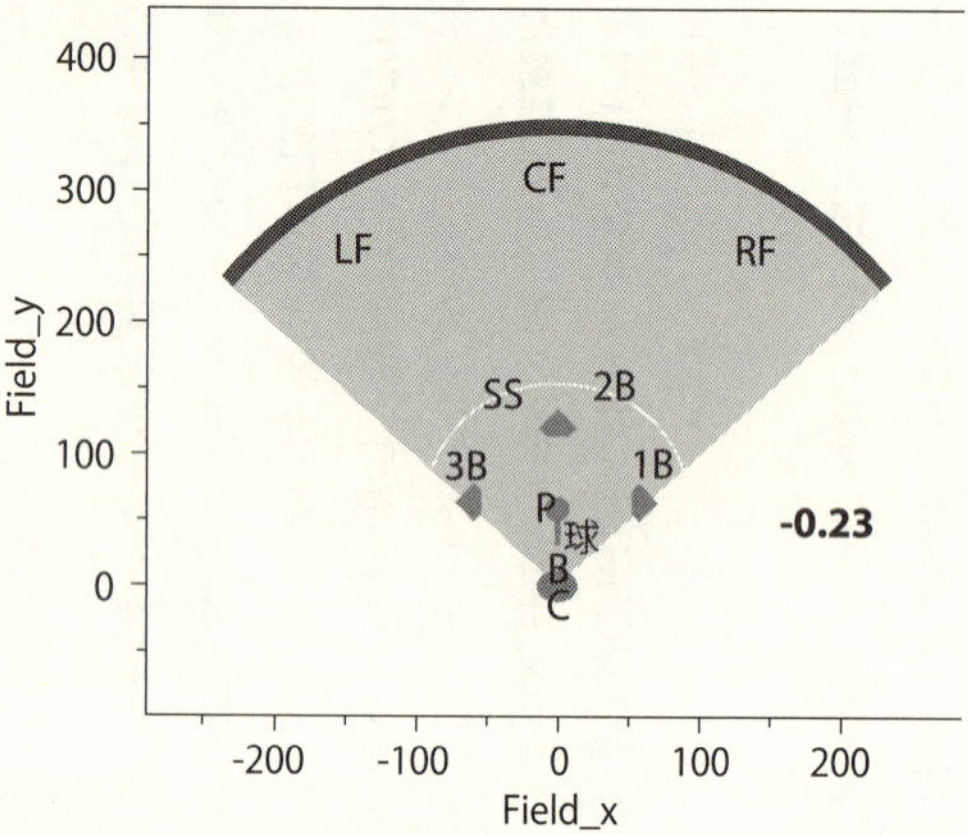

図3－36 選手のポジショニング（図3－35の約7.5秒後）

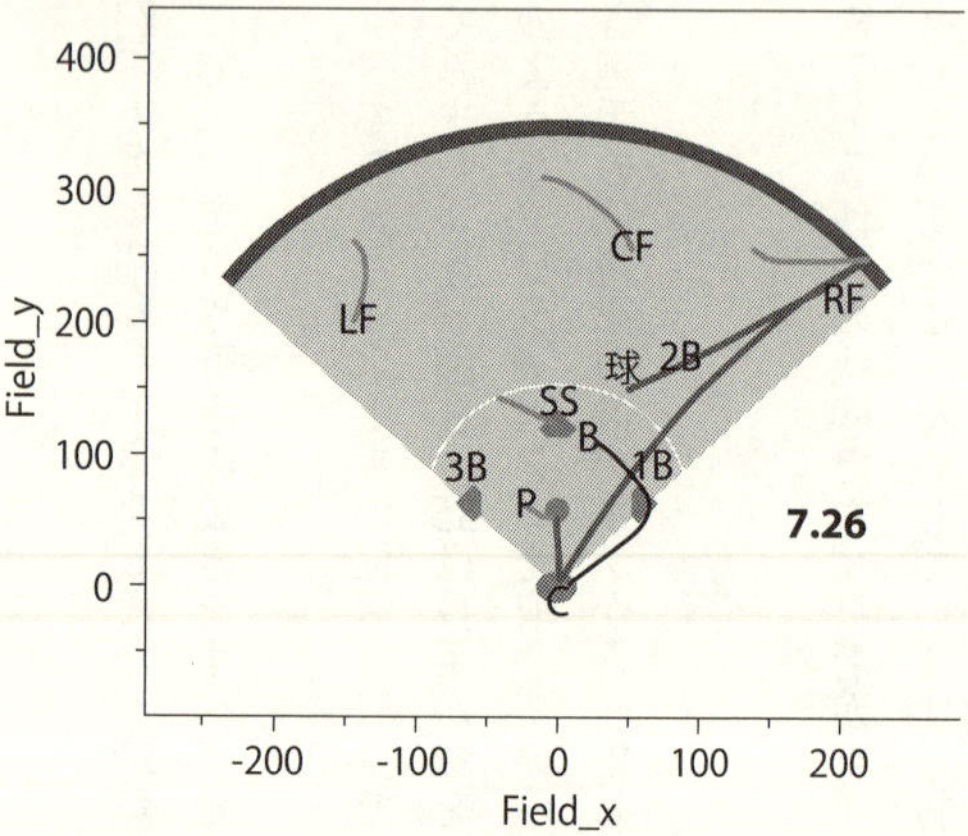

FIELDf/x で収集できるデータ

FIELDf/x で収集できるデータを図３－37でまとめました。グラウンド上のあらゆる事象をトラッキングしているので、打球や送球といったボールの位置、選手や審判など人間の動きが座標データとして収集できるようになっています。

収集される座標データを基に速度や角度、時間の計算もできるので、例えば「遊撃手の○○選手は打球が放たれてから××秒でスタートを切り、時速△△キロまで加速。守っていたポジションから□□メートルの位置でゴロを捕球し、捕ってから☆☆秒でボールをリリースし、時速▽▽キロで送球された球が一塁手のミットに収まった。打球が放たれてから一塁手のミットに収まるまでの時間は◎◎秒」といった事象がデータで表現できます。

FIELDf/x では選手やボールがどこにあるかという座標データが収集できますが、これはサッカーのＪリーグで２０１５年度から導入されたトラッキングシステムのデータに似ています。データスタジアムではこのトラッキングシステムの運用・データ分析を担っています。

図3－37 FIELDf/xシステムで取得できる主なデータ

打球・送球系		
3D座標	打球	落下地点～送球
球の軌跡xyz	打球速度 打球上下角度 打球左右角度 打球の高さ 打球滞空時間	落下地点xy 捕球点xy 捕球→送球タイム 送球速度 送球上下・左右角度

選手の軌跡系		
2D座標	速度	時間・距離
守備選手位置xy 走者位置xy 審判位置xy 一三塁コーチ位置xy	選手トップスピード 選手平均スピード	スタートタイム 各塁到達タイム 守備選手移動距離 落下地点までの距離

このシステムでは試合中の選手の動きが逐一記録され、走行距離やスプリント（全速力で走る）回数といった今までは知ることができなかったデータが収集可能となりました。

データスタジアムでは以前からJリーグのデータを収集しているのですが、そちらのデータは手動で入力しているので、全選手の動きを追うのは難しいのです。あくまでも「誰がどこでプレーしたのか」ということをボールを基準に収集しています。ところがトラッキングシステムを活用するとボールを持っていない選手も含めたすべての選手の動きを知ることができます。これはサッカーの戦術を分析する上で画期的な変化となっています。

FIELDf/x でもすべての選手やボールの動き

を記録することができますので、Ｊリーグで公表されている走行距離やスプリント回数のような情報を知ることができます。野球の競技特性上、必ずしも走行距離が長い必要はないですが、打球反応のスピードや落下点まで直線的に入っているのかなど、選手の動きを記録することで分かってくることも多くあるでしょう。

今まで守備や走塁の分析は収集できるデータに限りがあり、打撃や投球の分析に比べるとあまり進んでいませんでした。今まで全く取れていなかったデータという点で、FIELDf/xで収集できるデータは野球を変える可能性を秘めているといえるでしょう。

各所からそこまでデータにしてどうするのかという声も聞こえてきそうですが、球団としては選手の能力を適切に把握する上で必要でしょうし、選手にとっても能力の向上をサポートしてくれるシステムになり得るものだと考えています。

野球の新テクノロジー「トラッキングシステム」をあれこれ語る座談会

パートⅢ「トラッキングデータは何に役立つのか」

データから「どの変化球を習得すべきか？」を知る

金沢　ここまではトラッキングデータで何が分かるかという話をしてきました。ここからはトラッキングデータが何に生かせるのかということを考えてみたいと思います。

キビタ　球団が選手を育成するとか、能力を強化するという視点から言いますと、結局はどこまでバーチャルなものをリアルな体感につなげられるかということだと思うんですよね。例えば、投球の軌道を再現して、奥行きで見せられるかどうか。そうじゃないと、相手投手の攻略という意味では役に立たないですから。

神事　バッターのためのデータだったら、バーチャルリアリティに落とし込まないといけないと思いますが、ピッチャーのためのデータであれば必ずしもそうではないと思います。

キビタ　というと？

神事　例えばある投手が「今年からフォークボールを投げたいので、練習しています」といっても、そのフォークが本当に必要なものなのかどうか。それこそライフル回転のスライダーを投げているのと同じ変化量かもしれない。変化量だけでなく初速も一緒だったら、打者にとってはスライダーと同じ球ですよ、ということが確認ができるんですよね。

金沢　います、います。データスタジアムで球種を判断するときに、スライダーとフォークのどちらを投げたのか、とても見極めにくい投手。実際の変化量データから分かるのですから、たしかに新しい変化球が必要だったのかどうか、さらにはどういう変化球を覚えれば良いのかを確認できますよね。

神事　今まで球質はスピードガンに頼る部分が大きかったですが、トラッキングデータによって定量的に、戦略的に、人が投げないボールであったり、今の自分の課題を整理できるようになってきます。例えば、スライダーとフォークが同じような球質であれば、二つとも習得するよりも、別の練習をした方がいい。あるいはチェンジアップのように遅い球を習得して、前後の緩急を使うなど、奥行きで戦えるような変化球の方が効果があるので、そっちの球種をトレーニングした方が効率がいい、ということになってくるでしょうね。

金沢　トラッキングデータを使えば、今までのように対戦相手を分析するだけでなく、自チームの投手のセルフチェックもすることができますよね。個人レベルの練習内容を変えることができるというのは画期的なことだと思います。今まであまり有効に使っていなかった球種でも「もっとこのボール使えるんじゃないの」といった話になる。

神事　金子千尋《ちひろ》投手（オリックス）は自身の本の中で「変化しない変化球」が理想と表現していますが、その変化量をトラッキングデータで調べたら、「ああ、こういうことなんだ」と意味が分かるし、その球が必要なのか、不必要なのかの理由づけをちゃんとしていける。ブルペンキャッチャーとピッチングコーチによる良い悪いという判断だけをもとにするのではなくて、今の球は何センチどうなってますよといって振り返りをするには非常に有効だと思います。

キビタ　ちなみに、変化量って慣れないと理解しにくいと思うんですけど、選手はこの情報を聞きたがっているのですか。

神事　私は実際にプロ野球選手にデータを見せる機会がありますが、データを見たいという選手は年々増えています。選手にとっては自分のパフォーマンスの話ですから、悩みがあったときには特に聞いてくることが多いですね。実際にデータを取ると、球種によって変化のばらつきが多いものとそうでないものが出てきます。本人が意図せずにばらつく場合は問題で、ボールに回転を与える動作が毎回違うことを意味します。フォームを安定させる必要のある球種が見えてくるので、投げられたボールから逆算して選手とフォームの話ができます。このように、球質とフォームを結びつけて振り返りができるのは選手にとってメリットが大きいですよ。

金沢　しっかりと現場に入り込んで、選手との信頼関係をつくっていないと難しそうですけど、そういう実例が出てきているのは良いことですよね。

神事　さっきのセルフチェックの話じゃないですけど、例えば球数が増えてくると明らかなシュート傾向が出てくることがあります。本人は同じフォームで投げているつもりなのですが、データとしては途中からシュート方向への変化が強くなっていると分かる。この変化は疲労のサインとしてとらえることができて、「スタミナ」をより定量的に扱うことができるようになります。このような活用法がありますから、トラッキングデータはトレーニングやコンディショニングの指標として、より重要なものとなってくるでしょう。

キビタ　データの使い方を球団の中で考えると、有効に活用できる手段がいろいろ出てくるということですね。

配球論も大きく変わる？

神事　「スライダーを投げた後のストレートが、なんか甘く行く」といったように、変化球の投げ分けがうまくできていない場合も、変化量のデータから見ることができます。まあそれは高校生とか中学生レベルですけど。投球履歴と言ったりしますが、前の球種のクセが残っていて、そのまま投げちゃうみたいなことはよくあります。

キビタ　それは重要ですね。

金沢　連続した投球の分析については、PITCHf/x データを用いて「1球前の球の軌道と空振りの取りやすさの関係」をテーマにしたメジャーリーグの研究もありました。打者がスイングし始める時点での軌道は1球前と似ているのに、そこから先、つまり投球がホームベースに到達するまでの差異が大きいとうまく捉えられないようです。

キビタ　昔から言われていますよね、「前の球の残像を利用して、少し変化させて打ち取る」ということは。このような残像論というのが日本では根強い。セイバーメトリクスでの評価指標に見られるように、メジャーの発想だと、打てないボールを一度開発してしまえば、極端な話、その球を延々投げ続ければいいという理屈になるわけです。でも日本の場合は、いかにして前に投げた球を生かすか、みたいな話が多くて、……まあ、僕も好きなんですけど（笑）、ドラマになるというか、ストーリーになるんですよね。

金沢　セイバーメトリクスでも今までは連続した投球を分析することが難しかったんですけど、トラッキングデータが取れるようになって、さらには統計的に分析する手法がどんどんつくられていって、日本人好みの残像論のようなジャンルについても、統計的に検証しようという試みが出てきています。

神事　そうすると、配球って何なのかという話になりますよね。例えば、「ホップ型」のストレートを持つ投手の配球と「サイドスロー型」のストレートを持つ投手の配球は全然違うはずなんです。打者に残像を残すためにインコースを突きなさいって時に、「サイドスロー型」だったら打者のイメージよりシュート方向への変化が大きいので「食い込んできた」という残像を残すことができるけれど、「ホップ型」だったらインコースに投げる意味はあまりない。今は、配球論が画一的な感じを受けますが、球質と配球がちゃんとマッチするような、投手のタイプ別につくられたオーダーメイドの配球論が、そのうちできてくるのではないかと思います。

キビタ 打者を空振り三振にしとめて、キャッチャーとしてはものすごく満足のいく配球ができたかもしれないけど、実のところ、単純にそのピッチャーのストレートが打ちにくいストレートなだけだったとか（笑）、ゆくゆくはそういう話が見え始めるということですね。

金沢 ストライク二つで追い込んで、1球外してからストレートで空振り三振を奪ったとしても、そもそも外した1球は必要なかったとか、そういったことが分かってくる。

キビタ 2ストライク取れたのならその球投げとけよ、とか（笑）。そうした効率的な配球みたいなものもシステムの組みようによっては多分できてきますね。

神事 日本のピッチャーはストライクゾーンで勝負しないボール、例えばスライダーだったらアウトコースにボールになる決め球で勝負させますけど、メジャーリーグは他の人が投げないオリジナルな変化をする球をちゃんとコントロールして、ストライクゾーンに投げて勝負する傾向がありますよね。ストレートでもさまざまなタイプの投手がいて、例えば先ほどのヘルナンデス投手のように「真っ垂れ型」だったり、もっとシュートさせたりスライドさせたり。球数を少なくしないといけないということで工夫をしたのか、元からやっていたのかは分からないですけど。

現場に浸透させるためには何が必要か

キビタ　おそらく、配球論のような話が好きなのは球団の現場の人も変わらないですよね。PITCHf/x のようなトラッキングデータを現場でどう生かすかについて考えると、そういう日本風な配慮というか、ストーリーを持たせるような何かがあると、「おー」って使いたくなる球団があるかもしれないと思います。今はどっちかというと、データ一つ一つ輪切りにして分析している感じですが、球団の人はおそらく「じゃあどう組み合わせるの？」というところに興味があるのだと思うんですよ。データスタジアムさんとしても、「こういうことができます」みたいなことを、サンプルをつくってアピールするといいんじゃないですか。

金沢　まさにそこが課題でして、「こういうデータが出ています。こんな傾向があります」

と球団の人にレポートしても、野球の現場でもなんとなくイメージは持っているので、「そりゃ、そうだろうね」といった程度の反応しか返ってこない場合も多いんです。だからもう少し踏み込んだものをつくれなければ、チームを強くするためにトラッキングシステムを導入したいという方向には向きにくい部分もあります。

キビタ まぁ、今の状態でも十分使える部分はあると思いますが、取材していても日本の球団の人たちは自分たちでデータをいじくって面白がろうという気持ちはあまりないですね。「何ができるか試してみよう」というふうにはいきにくいので、これを導入したらまず結果がどう変わるのか、というところからやらないといけないとは思います。

金沢 セイバーメトリクスの考え方も、基本的には「野球は思ったほど前後のプレーに影響されない」という方向ですからね。要素還元的というのでしょうか、プレーを一つ一つ区切られた事象として捉えることで、新しい発見をするという方向だったと思います。トラッキングデータは先ほどの残像の話にあったように、もう一歩進んだ日本人好みの分析ができる可能性を秘めています。

神事 細かいプレー内容の話になってくるので、選手目線で語ることができますから、そっちの方が面白いとは思いますね。

金沢　今までセイバーメトリクスにしてもＩＤ野球でも、個々の選手の能力を劇的に改善するところまでは至っていない。

キビタ　その点、トラッキングデータは、今までと違って能力を大幅に改善するために使える可能性がありますね。

球審の判定は自動化されるのか

金沢　トラッキングデータの活用に関する話をすると必ず出てくるのは、ストライクとボールの判定の精度についてです。手動で取得するデータと違って、PITCHf/x では球がどこを通過したかがはっきり分かってしまいます。そのため、球審がルール通りのストライクゾーンを取っているのかどうかを測ることができます。ただ、この辺はかなり慎重な議論が必要だと思います。

キビタ　最終的には審判がいらなくなるという話になりますからね。

金沢　実際にメジャーリーグではこの技術が審判へのフィードバックに活用されていて、そのおかげで、最近の判定はルール通りのストライクゾーンに近づいていると言われています。具体的には、今までの左右に広い傾向が是正され、低めが広く取られるように、というかルール通りに判定されるようになってきているようです。

キビタ まあ、球審へのフィードバックというのもなかなかシビアな話ですけどね（笑）。

金沢 確かにそうなんです。先日、日本のプロ野球で長く審判を務められていた方とお話しする機会がありまして、こんなご意見をいただきました。「ストライク」はあくまでも動詞で、球審からの「打て」という命令であり、その基準としてストライクゾーンが明文化されているだけであると。物事の成り立ちからいえば基準が先行しているわけではないし、そもそもストライクを機械的に判定することは野球から人間性を奪う根本的な問題であって、スポーツを楽しくないものにしてしまうとおっしゃっていました。スポーツ古来の意味を考えても、おっしゃる通りだと思います。一方で、プロ野球選手が職業として成り立っていて、成績に応じて給料が決まってくる以上、選手は明確な基準で判定してほしいと思っています。勝利がビジネスに直結することを考えれば球団もそう思っている。このような現場の意識を考えると、審判の方々の努力とは別の次元で、判定にトラッキングシステムのメスが入る可能性はあると思います。

キビタ 実際、メジャーリーグではビデオ判定も導入されていますしね。野球ファンでも、誤審も野球のうちと考える人もいれば、できる限り明確な基準で判定すべきだという人もいて、意見が分かれるところですよね。

神事　いずれは、審判がストライク・ボールのジャッジをしなくてもいいようになるんじゃないですか。

金沢　現状ではそこまでのシステムは組まれていませんが、やろうと思えばやりようはあります。

神事　例えば、球審の腕時計にバイブレーターが入っていて「バイブが震えたらストライクと言え」ということになるとか。

金沢　実際、サッカーのゴールライン・テクノロジーはそんな感じですよね。センサーと連携すればいろいろできるはずです。分かりやすいように身につけているものの色がパッと変わるとか。

神事　アウトとセーフのジャッジは自動的には難しいんですよね？

金沢　PITCHf/x や FIELDf/x では無理ですね。FIELDf/x では選手を平面でしか追っていません。なので、例えば本当に足がベースに触れたのか、それともベース上に足はあるけれど空中に浮いているのかを判定できません。それ以前に、FIELDf/x ではリアルタイムでは判定に生かせるほど精度の高いデータが取れていませんので、そもそも厳しいですが。

キビタ　FIELDf/x では難しくても、すべてのボールにチップ入れるなどして、センサーをつけて連動させればできるような気がしますけれど。

神事　そんな気はしますね。

金沢　トラッキングデータの次は多分そういうことになるのでしょうね。ボールやバットにセンサーを入れたり、チップを入れたり。流行のウェアラブルの延長線上として、「センサリング」になっていく感覚はあります。欧州サッカー界ではすでにポスト・トラッキングとして、「センサリング」の方法論を模索しているようですし。

選手の強化、育成やストライク・ボールの判定という話が出てきましたが、他の活用方法はありますでしょうか。

トラッキングデータで選手をスカウトする時代が来る？

キビタ　球団によるアマチュア選手のスカウティングですね。これには間違いなく活用できると思います。今はスピードガンやストップウォッチを持って見ていますが、この変化量のプロットチャートを簡易的に表示できるものがあれば、スカウトはみんなそれを持ち歩くと思います。

金沢　たしかに、簡易的に変化量をプロットできるものをつくりたいというのはありますね。

キビタ　アマチュア選手の変化量のデータは球団の方が欲しがると思います。

金沢　日本全国の選手を網羅できたらすごいですね。球団としては選手を獲得するための資料は欲しいはずです。

キビタ　さらに言うと、球団の方だけでなくスカウト目線で見ているアマチュアのファンもいるじゃないですか。ストレートの分類の話は、そういったファンが観戦する時にも新しい見方としてすごく影響すると思います。

神事　球団関係者だけでなく、さまざまな人に野球の新しい見方を知ってもらうことが重要ですよね。それこそ、私は、居酒屋の野球好きおじさん達の会話を変えたいです（笑）。

金沢　最近だと先発投手の評価の指標であるQS（クオリティ・スタート）辺りは野球ファンも詳しくなってきていますし、それに似た感じでで「あの投手ホップ型だよね」とか「昨日大学野球見に行ったら良い『真っ垂れ型』の左腕がいてさぁ」とか。そんな会話が自然に出てくると、面白いですね。

神事　もはや「体重がしっかり乗っている重い球」とかじゃない話になってほしいんです。極端な話、テレビの野球中継を見ながら「2000回転だから今日は回転量が少ない」とか。球速だけではなく変化量が表示されて「このリリーフ投手はイニングまたいで起用しちゃだめだよ。2イニング目は回転量が落ちるんだから」といった話をファンがするようになりませんかね（笑）。

金沢　先生のおっしゃっていることは、そんなに先の話ではないですよね。例えばJリーグではトラッキング技術が導入された2015年から試合中の各選手の走行距離のデータを出しています。ヴィッセル神戸に、長い距離を走れてスプリント回数も多い小川慶治朗という選手がいるのですが、「神戸は小川がスプリント回数1位で、走行距離も長い。だから、とりあえず小川を走らせる戦術にすべきだ！」とか、そういう話がファンのコミュニティーから出ている。実際はトラッキングが導入される前から神戸ファンはそのことに感づいていて、「トラッキングデータが入っちゃうと小川のすごさがバレる」と危惧していた人もいたようですが（笑）。走行距離とかスプリント回数がファンに浸透し始めているサッカー界を見ると、野球でもファンが回転量を語る時代はそれほど遠くないと思います。まあ、変化量だとパッとイメージしにくいので、どちらかといえば回転量が先にクローズアップされますかね。

キビタ　僕は回転量のデータで追うことで、ピッチャーが終盤のピンチで再び序盤の頃と同じレベルのボールを投げられたりするのか、いわば「火事場のバカ力」を出せるのかどうかといった、その選手の精神的な強さを見ることも楽しみです。

神事　なるほど。そういう方向もありですね。

見方が変われば草野球も変わる

金沢　先ほどキビタさんも変化量を手動でプロットできるシートが欲しいと話されていましたが、それをするには少なくとも観戦力を上げる必要があるということですよね。

神事　そういうことです。

金沢　実際のピッチャーを見るときに変化量に対する知識があるのとないのとでは、まったく見え方が違ってきますよね。

神事　これまでの球種とコースだけではなくて、変化量を含めたデータをもとに「このピッチャーはこういうタイプですよ」とみんなに知らせることができるようなスコアブックがあるといいですね。

金沢　慶應式、早稲田式ではない、新しいスコアブックが必要になりますね。もちろん、簡単に自動でデータが取れる仕組みがあるに越したことはないですけど。

キビタ　テレビ中継などでも、今は球種割合を出すとき、簡易的な図で出ていますが、速度と変化が分かる図になると一目瞭然でタイプが分かりますからね。平面的な話で終わっていたのが、もっと奥行きが広がるというか。それによって、観戦力と現場の人の認識も変わってくると思います。

神事　草野球でも普及していくといいですよね。自分の投げたデータを取りたい人いますからね。それを配信してみんなで「ああだこうだ」いいながら楽しむ。バッティングセンター感覚で、1回数百円とかでできるようにしたらいいんじゃないですか。

キビタ　バッティングセンターなどで、「ストラックアウト」(投球のコントロールを競うゲーム)があるじゃないですか。球速が表示されることはあるかもしれないですけど、そこで同じように変化量が表示されてくれれば……いや、そのためにはもう少し浸透してからじゃないとダメですね。やはり、先にプロ野球で広めてもらいたい。

金沢　今回紹介したPITCHf/x、FIELDf/xのようなトラッキングによるデータ収集だけではなく、最近では簡単にスイング軌道をデータ化するようなソフトも出ています。ただ、データは取れるのですが、それが何の意味を持つのか話をするのが難しい。これが分かれば楽しいんですよね。野球の見方だけでなく、草野球などをする人なら、自分自身のプレーも変わってくると思います。キビタさん、神事先生、今日は長時間ありがとうございました。

トラッキングデータの活用案

座談会はいかがだったでしょうか。トラッキングデータの収集、活用は今後日本でも進んでいくと思いますので、これを機に興味を持ってもらえると幸いです。座談会でも盛り上がっていましたが、最後にトラッキングデータの活用案をまとめてご紹介します。

図3－38にはデータスタジアムが考えるデータ活用案を記載しています。上側がチーム内

部、下側はファンに向けた活用案になっています。一つ一つ解説してみましょう。

1・「選手育成」への活用

■球種習得サポート

座談会でもあったように、PITCHf/xでは投球の軌道データを取得できるので、球種の習得をサポートすることができると思います。例えばある投手のスライダーとフォークが同じような変化をしていたとしたら「本当に2種類投げる必要があるか？ 1種類で良いのではないか？」とアドバイスすることができるでしょう。また、目指す投手と自分との変化量データを比較して、足りない球種を明確に指摘することもできるはずです。これは決してプロだけの話ではなく、アマチュアの選手でも有用だと思います。実際、プロに行くために回転量の目標を決め、トレーニングを行うという例もあるようです。

■故障予防

変化量のデータを解析すれば投手の異常を検知できます。例えば、正常なら1分間に22

図3－38　トラッキングデータの活用案

プロチーム内での活用		
選手育成	作戦・戦術	戦略・編成
球種習得サポート 故障予防 肩力、俊敏性測定 サボり度判定	ポジショニング分析 〝野手のくせ〟の解析 投手の疲労傾向把握	査定資料 選手獲得資料 球場設計資料

プロチーム外での活用		
審判分析	プレーヤー	野球ファン
審判の評価基準 ポジショニング確認	自身のプレーレベル把握	webサービスの充実 観戦力向上サポート バーチャルリアリティ体験

００回転するストレートを投げるはずなのに、その日は１８００回転しかないとすれば、何か異常が発生しているといえるでしょう。もちろんそれが故障のせいかどうかは分かりませんが、「故障の危険性が考えられるから要調査」というアラートは出せます。傷口を広げないためにも、できれば試合に入る前に検知したいところです。これにはブルペンの球をトラッキングするなど練習時のデータを取得する必要があります。

・肩力測定

FIELDf/x のようにグラウンドの選手、ボールの動きをすべて取得しているシステムを用いれば、野手の送球速度を算出することができます。送球が到達した場所も分かりますから、おおまかなコントロールも計算できるでしょう。他にも捕ってから投げるまでの早さなど、スローイングの精度を細かく測定することができます。

■俊敏性測定

グラウンドの選手の位置をすべて取得していれば「選手が時速何キロで走っているのか」という走行速度の情報を手に入れることができます。他にも「打球が放たれてから野手が反応するまでの時間」や「トップスピードに到達するまでの時間」など、選手の俊敏性を測ることが可能です。もちろん、今まではストップウォッチで取得していたような「打者走者が一塁に到達するまでの時間」も分かります。

■サボり度判定

FIELDf/x のデータでは全野手の様子がすべてデータ化されます。外野手のバックアップが遅くなったり、投手がセオリーと異なった動きをしていたりすることもすべて可視化できます。「サボり度判定」と言うと言葉が悪いかもしれませんが、チーム全体で適切なポジショニングを取れているかどうか確認することができるのです。

このように、トラッキングデータはパフォーマンス改善の指標として活用することができます。自分が選手だったらそこまでデータ化されているのかとうんざりするような内容ではありますが、ポジティブに捉えれば能力が適正に評価される公平なシステムともいえます。

今後データが蓄積されて、解析の技術やソフトが普及すれば「相手投手の球の軌道をバーチャルリアリティーで再現し、攻略のシミュレーションをしてから試合に臨む」というような練習スタイルもありそうですね。

2・「作戦・戦術」への活用

■ポジショニング分析
トラッキングデータが普及すれば適正なポジショニングを割り出すこともできます。今まででも打球方向のデータを基にポジショニングを決めてはいますが、実際のポジショニングデータが取れていないため、その成果を測ることはできませんでした。全選手の守備位置が分かれば「ポジショニングによってどれだけアウトを増やしたのか」という成果をしっかり把握することができるはずです。それによって、より効果的な守備戦術をとることが可能になるでしょう。

■〝野手のくせ〟の解析

「投手が投げる前に野手が動いてしまい、投げるコースがばれてしまう」ということはアマチュア野球でたまに見られます。このように、野手が無意識で起こす行動を解析していれば、走塁時などで生かせるはずです。外野手に緩慢なプレーが出るタイミングなど、細かく解析したい部分はいろいろありそうです。

■投手の疲労傾向把握

PITCHf/x の変化量のデータが蓄積されれば、投手の疲労度を算出することができるはずです。すなわち、データから投手交代の時期を把握することができるということです。ルール上、ベンチではデータを見ることができませんが、過去のデータから「何球程度で回転数が○%落ちてくる」ということは頭に入れておけますので、監督がその情報を基に投手交代を決断するということもできるでしょう。

このように、トラッキングデータは作戦・戦術面でも応用できるはずです。野球はバレーボールなどとは違い、ベンチに電子機器を持ち込むことはできませんので、監督やコーチは情報を頭に入れて試合に臨むことになります。あくまでも作戦・戦術を遂行するのは人間であり、そのサポートツールとしてトラッキングデータが使えるだろうということです。まあ、エキシビションとして将棋の電王戦のような「作戦・戦術をすべて考えるロボ」vs.「名監督」の戦いが生まれることにも興味はありますが……。

3 ■「戦略」への活用

■査定資料

セイバーメトリクスど真ん中の話です。第2章で紹介したセイバーメトリクスの指標はすべて公式記録やゴロ、フライ、ライナーなどの結果を基につくられています。今後トラッキングデータを用いると、例えば「140キロ以上の投球に対し、打球速度160キロで打てる割合が悪化している」とか「捕球から送球に至る時間が0・2秒落ちている」といったような、よりフィジカルに近い話にシフトするでしょう。このような客観的事実を基に、年俸交渉を行うチームが出てくるかもしれません。

■選手獲得資料

こちらは座談会でも触れられていましたが、例えばアマチュア選手を獲得する場合に「球速」だけでなく「変化量」を見るようになるという可能性があるでしょう。トラッキングデータを取れるグラウンドで入団テストを行い、データを基に合否を決めるということも起こるでしょう。選手をデータベース化する動きが進めば、スカウトが見ていなかったことによって逸材を逃すというリスクも減ります。メジャーリーグはＦＡ選手が多く、その獲得にも活用されています。ただ、移籍が活発でない日本ではどちらかというとアマチュア選手の獲得に生かす方が現実的かと思います。

■球場設計資料

「得点が入りやすい球場か、そうでないか」。チーム編成を考える際には選手の能力だけでなく、球場の大きさなど環境面も考慮に入れる必要があります。PITCHf/x システムの一部であるHITf/xでは打球の初速だけでなく角度も推定していますから、ホームランになる打球とそうでない打球の境界を知ることができます。逆に言うと、どのくらいの球場にすれば何本本塁打が増えるかというような試算もできるわけです。これはチームにとっては重要な情報になるはずです。

今までのセイバーメトリクスの延長線にある「シーズンを通してどのようにチームをつくるか」という戦略の部分についても、トラッキングデータは威力を発揮するでしょう。第1章で触れたように、セイバーメトリクスはチームを客観的に分析して勝利を増やすという明確な目的があります。分析の歴史も長く、手法は多く開発されていますから、トラッキングシステムによってデータの質・量が大幅に改善されれば、より効率的に勝利を増やすことができるはずです。

4▪「審判」への活用

▪審判の評価基準

座談会でも語られていましたが、トラッキングデータは投球がどの位置を通ったのかをデータ化していますので、ストライク、ボールの判定を行うことができます。突き詰めると審判の仕事が必要かどうかという話になるため、デリケートな部分ではありますが、メジャーリーグでは少なくとも審判の能力に対するフィードバックとしてはトラッキングデータを活用しています。

■ポジショニング確認

プレーによって各審判がどのように動くのかは細かく決められています。FIELDf/x では選手だけでなく、審判が動いた軌跡も取得できますので、規定通りに動けていたのかなどのフィードバックをすることができます。

このように、トラッキングデータは審判の能力向上のためにも活用することが可能です。ただ、審判は判定を正確に、一つのミスもしないで行うことではなく、試合を滞りなく円滑に進めるという役割が主となります。ともすれば「トラッキングデータを用いると、そのうち審判は不要になる！」という議論になりがちですが、スポーツにとってそもそもその方向が望ましいのかどうか、慎重に考える必要があるはずです。

5・「ファン」にとってのメリット

・プレーヤーにとって

トラッキングデータを活用できるのは何もプロ野球の選手だけではありません。システムが整っていれば、アマチュアの野球選手でもデータを活用することができます。さらに、バッティングセンターなどでデータを取ることができれば、本格的なプレーヤーでなくとも自分のデータを測ることができるでしょう。理想とするプロのプレーヤーと比べて自分はどの程度のレベルにいるのか。そのような楽しみ方ができるかもしれません。

・プロ野球ファンにとって

メジャーリーグでは2015年から「Statcast」というサービスを開始しました。Statcast では「ホームランの弾道」「盗塁の軌跡」「ダイビングキャッチ時の野手のスピード」など、トラッキングで取得したデータが先進的なビジュアルとともに再現され、ファンに届けられます。このシステムはPITCHf/xのような画像を認識するタイプのトラッキング手法に加え、ドップラーレーダー（スピードガンなどで用いられる技術）を用いたシステムを併用しています。野球の魅力をデータでより引き立たせることによって、メジャーリーグでは新しいファン層を開拓し、野球への愛着を高めようとしているのです。日本のプロ野球でトラッキングシステムが導入されれば、当然このような取り組みも進むことでしょう。さらに進めばweb上でデータを展開するだけでなく、例えば「大谷翔平の160キロのストレートをバーチャルリアリティーで体験できるゲーム」といったように、体験型のゲームが開発されるかもしれません。新しい野球の知識や体験を共有する上で、トラッキングシステムの果たす役割は大きいと思われます。

「データをどう表現するか」が課題

このように、トラッキングデータは「作戦・戦術」といういわゆるID野球の分野、「戦略」を策定するための知見というセイバーメトリクスが担っていた分野だけでなく、「選手育成」「審判のトレーニング」「野球ファンの拡大・愛着の強化」といったさまざまな面で活用できる可能性があります。

もちろん、正しく使われなければデメリットになる可能性はありますから、データ活用のリテラシーを球界全体で高めていく必要はあるでしょう。また、分かりやすく伝えるため、どのように表現すれば伝わるのかということを考える必要もあります。データスタジアムでは野球のデータをビジュアルで表現する「インフォグラフィックス」の取り組みも進めていますが、トラッキングデータのようなビッグデータを扱う場合は、より分かりやすく可視化する必要がありそうです。本書でたびたび登場した変化量のチャートも、決して分かりやすいグラフとはいえません。今後、伝わる表現を開発していく必要があると考えています。

Jリーグでトラッキングシステムが導入されたように、日本のプロ野球も今まさにシステムの導入が始まっている段階です。データをどのように活用するのか、現場では日々試行錯誤が続いています。

「どのように活用したら、より野球を楽しめるのか」

今回紹介した案以外にも、さまざまなアイデアが必要とされていますので、読者の皆さまにも、トラッキングデータ活用のご意見を発信いただきたいと思っています。そのための基礎知識として、本書が少しでもお役に立てば幸いです。

あとがき

読者の皆さま、最後まで読んでいただき、どうもありがとうございました。セイバーメトリクスからトラッキングデータまで「野球×データ活用」の話をできるだけ親しみやすい形で表現するように心がけましたが、いかがだったでしょうか。

セイバーメトリクスの解説本はこれまでも出版されていますが、一般の野球ファンが手に取るには数学っぽく、難しい内容のものが多いかと思います。そのような現状を踏まえ、今回の本は野球ファンの方々がイメージしやすいように、できるだけ易しい言葉を用いていま す。一方で、専門的な知識を持っている方にとっては物足りないと感じたり、厳密な解釈とは違うと思われたりしたかもしれません。その点、ご容赦いただけますと幸いです。

座談会形式でトラッキングデータの解釈を紹介した第3章では、私と神事先生の知見をなるべく野球ファンが見て分かるように表現しました。神事先生は実際の回転数をハイスピードカメラで計測し、その情報を基に変化量を計算するのに対して、PITCHf/x では画像処理技術を基に推定された変化量から回転量を計算し直しています。このようなデータ収集アプローチの違いも影響してか、共通の知識を生み出す作業は一筋縄ではいきませんでした。ご協力いただいた神事先生、座談会に加わっていただいたキビタさん、ありがとうございました。

日本ではトラッキングシステムが導入され始めたばかりですので、変化量の研究は発展途上です。今回ストレートを分類したように、投手がどのような変化量の球を投げるのかはある程度分かってきていますが、プロ野球のレベルでの変化量の違いが打撃結果にどう影響を与えるのかはまだまだ研究の余地があります。例えば「同じ球速の場合、ど真ん中に投げた『ホップ型』のストレートと、外角低めストライクゾーンギリギリの『真っ垂れ型』のストレートでは、どちらがより空振りを奪えるのか」というような問いに対して、まだ明確に答えられるだけのデータを持っていません。

打撃結果は投球の変化量だけでなく、カウント、走者状況、打者の能力、投手の腕の振り、1球前の残像、球速、コース、高さなどさまざまな要素が絡み合って生まれます。この辺りを詳しく解明するには現状のトラッキングデータに加え、試合中の動作解析のデータが必要になります。「投球のモーション」「スイングの軌道」など、今後は試合中に選手が行っている動作に関してのデータが収集・分析され、また新たな知見が生み出されていくと感じています。

本書は私が中心となり執筆を進めましたが、弊社ベースボール事業部のメンバーによる多大な協力があったおかげで出版までたどり着きました。特に第2章の打撃指標は山田隼哉、投球指標は佐々木浩哉、第3章のPITCHf/xシステムの紹介はベースボール事業部のプロデューサー・須山晃次が担当し、業務の合間を縫って執筆を進めてもらいました。ありがとうございました。

最後になりますが、約1年前、弊社のセイバーメトリクスイベントに参加いただいたことがきっかけとなり、この企画をご相談くださった中央公論新社の木佐貫治彦さんに感謝申し上げます。

執筆者を代表して
データスタジアム株式会社 ベースボール事業部アナリスト 金沢 慧

Chuko Shinsho
La Clef

中公新書ラクレ 533

野球《やきゅう》×統計《とうけい》は
最強《さいきょう》のバッテリーである
セイバーメトリクスとトラッキングの世界《せかい》

2015年8月7日発行

著者 データスタジアム株式会社《かぶしきがいしゃ》

発行者 大橋善光
発行所 中央公論新社
〒100-8152 東京都千代田区大手町1-7-1
電話 販売 03-5299-1730
編集 03-5299-1870
URL http://www.chuko.co.jp/

本文印刷 三晃印刷
カバー印刷 大熊整美堂
製本 小泉製本

Published by CHUOKORON-SHINSHA, INC.
Printed in Japan ISBN978-4-12-150533-0 C1275

中公新書ラクレ刊行のことば

世界と日本は大きな地殻変動の中で21世紀を迎えました。時代や社会はどう移り変わるのか。人はどう思索し、行動するのか。答えが容易に見つからない問いは増えるばかりです。1962年、中公新書創刊にあたって、わたしたちは「事実のみの持つ無条件の説得力を発揮させること」を自らに課しました。今わたしたちは、中公新書の新しいシリーズ「中公新書ラクレ」において、この原点を再確認するとともに、時代が直面している課題に正面から答えます。「中公新書ラクレ」は小社が19世紀、20世紀という二つの世紀をまたいで培ってきた本づくりの伝統を基盤に、多様なジャーナリズムの手法と精神を触媒にして、より逞しい知を導く「鍵《ラ・クレ》」となるべく努力します。

2001年３月